劳动教育精品教

教育部首批新文科研究与改革实践项目成果

新时代

劳动教育

100问

主　编　党　印

副主编　李素卿

主　审　李　珂　曲　霞

中国人民大学出版社

·北　京·

劳动教育既要提高，又要普及

建设高质量教育体系是"十四五"期间我国教育发展的战略重点。劳动教育是高质量教育体系建设中必不可少的一环。2020年3月，中共中央、国务院印发《关于全面加强新时代大中小学劳动教育的意见》，2020年7月，教育部印发《大中小学劳动教育指导纲要（试行）》，2021年4月29日，全国人民代表大会常务委员会通过《关于修改〈中华人民共和国教育法〉的决定》，正式确立"教育必须为社会主义现代化建设服务、为人民服务，必须与生产劳动和社会实践相结合，培养德智体美劳全面发展的社会主义建设者和接班人"的教育方针。"十三五"与"十四五"更迭之际，这一系列关于劳动教育的重磅文件的陆续推出，充分彰显出党中央着力补齐劳动教育短板，构建德智体美劳全面培养的教育体系，形成更高水平人才培养体系的坚定决心与系统谋划。

建设高质量劳动教育体系，首先意味着新时代劳动教育必须提高质量。要聚焦新时代的新要求，抓好提高劳动教育质量的几个关键点。一是提高认识抓重点，要从事关立德树人、事关强国富民、事关治国理政的高度深刻认识社会主义制度下劳动教育所承载的丰富教育内涵和长远政治考量，切实提升建设高质量劳动教育体系的时代责任感。二是点面结合抓整体，要从开好劳动教育必修课、在学科专业中有机渗透劳动教育、在课外校外广泛开展劳动实践、在校园文化建设中强化劳动文化等多条路径，整体优化劳动教育课程设置，形成具有综合性、实践性、开放性、针对性的劳动教育课程体系，全面落实中央关于劳动教育的新要求。三是面向全体抓贯通，要紧扣培养社会主义建设者和接班人的劳动精神面貌、劳动价值取向、劳动技能水平的总体目标，遵循教育教学规律和人才培养规律，面向全体学生，贯通大中小学各学段，有序安排劳动教育内容，形成各学段依次递进、贯通一致的劳动教育体系，把劳动教育任务落到实处。四是加强统筹抓协同，要加强政府统筹，充分发挥学校的主导作用、家庭的基础作用和社会的支持作用，推动建立家庭、学校、社会各方面齐抓共管、协同实施的机制。

建设高质量劳动教育体系，还意味着新时代劳动教育必须注重普及。我们可以从两个方面来理解这种普及的重要性。

一方面，普及化是中国共产党推进劳动教育的优良传统。回顾建党百年推进劳动教育的历史可以发现，我们党所讲的劳动教育不仅是针对学生的教育，也是针对全体人民的教育，包括对党员、干部、青年和知识分子的教育。因此，新中国在确立教育为工农服务、为生产建设服务的基本方针时，就明确指出：我们在各种和各级教育工作中都应该树立尊重劳动和热爱劳动的正确观点与习惯；我们的教育在任何场合都应该根据社会发展的科学规律鼓舞人民大众从事劳动创造的高度热情和积极性；应该及时表扬和普及每一种劳动事业中的发明和创造；应该采取一切适合当前环境与条件的方法和方式，组织原来一切不从事劳动生产的人们，逐步地参加劳动生产，借以发展生产，并在劳动中改造自己；要在广大劳动人民中广泛而深入地进行劳动纪律的教育，在广大农民中实行劳动互助和集体生产的教育。[①] 可见，在我们党对社会主义教育体制的最初设计中，劳动教育就是面向全体人民大众的教育，是民族的、科学的、大众的社会主义文化精神的生动实践。

另一方面，普及化是新时代劳动教育实施推进的必要前提。新时代劳动教育是政府统筹下家校社协同推进的事业。在切实发挥好学校主导作用的同时，还要引导家庭发挥好基础作用，树立崇尚劳动的良好家风，让孩子从小养成爱劳动的好习惯；社会发挥好支持作用，统筹各方面资源，为劳动教育提供条件保障、搭建活动平台，营造良好舆论氛围。因此，除学校教师外，参与劳动教育的各方，包括政府管理者、学生家长、企业公司、工厂农场、

---

① 钱俊瑞. 当前教育建设的方针（1950）// 中华人民共和国重要教育文献汇编（1949-1975）. 海口：海南出版社，1998：22-23.

工会、共青团、妇联等群团组织以及各类公益基金会、社会福利组织等，均需要对劳动教育有一个基本的、共识性的理解，才能共同演绎好推进新时代劳动教育的协奏曲。

因此，新时代劳动教育既需要提高，又需要普及。提高，是建设高质量劳动教育体系的正面回应；普及，是建设高质量劳动教育体系的深度策应。在聚焦教育系统，持续改进和提高劳动教育质量的同时，也要向社会系统开放，发挥我党劳动教育的优良传统，做好面向社会大众的普及与推广。

由中国劳动关系学院劳动教育学院青年学者党印担纲主编的《新时代劳动教育100问》，正是一次面向社会大众普及劳动教育的积极尝试。该书的编写起源于我校首届劳动教育管理项目研究生深入一线的调研。他们在调研中发现，尽管新时代劳动教育的理念宣传如火如荼，但在教育界之外，社会大众甚至是一些政府部门的管理干部并不了解劳动教育，存在诸多困惑与不解，比如，劳动教育是什么？劳动教育是否就是让学生参加体力劳动？劳动教育和我们这些非教育系统的人有什么关系？是不是只有中国的学校搞劳动教育？……这些问题促使党印等青年老师萌发了编写一本浅显易懂的劳动教育普及读物的想法。

作为一本面向大众的劳动教育普及读物，本书呈现出两个明显的特点：一是覆盖全面。全书从劳动与劳动教育、中国劳动教育发展历程、国外劳动教育、学校劳动教育、家庭劳动教育、社会劳动教育、未来劳动与劳动教育各个方面，全面梳理了劳动教育的基本理念，系统总结了古今中外劳动教育的主要做法与经验，科学解读了学校、家庭、社会劳动教育的内容和方式，前瞻性地预测了未来劳动和劳动教育的发展形态，积极回应了社会各界对劳动教育可能存在的种种困惑。二是力求简练。本书在编写过程中查阅、整理了大量资料，对每个问题的解答都力求言简意赅、点到即止，便于读者快速掌握每个问题最基本的信息。因此，我想将此书比作一张帮助普通大众快速了解劳动教育概貌的"旅游导图"。它是帮助我们快速找到"景点"的法宝，但绝不能代替我们的游历。对劳动教育有更多关注的读者，可以以此书为起点，查阅更多资料，形成更深入的认识。

衷心希望这本书在帮助社会大众快速了解劳动教育概貌的同时，能够激发更多人关注劳动教育、研究劳动教育，汇聚社会各界齐心协力推进劳动教育的磅礴力量。

刘向兵

中国劳动关系学院党委书记

中国高等教育学会劳动教育专业委员会理事长

前言
PREFACE ▶

劳动是人与动物的本质区别，是人类社会进步的根本动力。劳动教育是育人体系的重要组成部分，既是教育的内容之一，也有重要的育人功能。古今中外，教育的共同目的是培养符合时代和社会需要的人，教育与生产劳动和社会实践相结合是重要的育人方式。时代在发展，社会在进步，教育在与时俱进，劳动教育也要同步前进。

2018年9月，习近平总书记在全国教育大会上提出，"要努力构建德智体美劳全面培养的教育体系，形成更高水平的人才培养体系"。2020年3月，中共中央、国务院发布《关于全面加强新时代大中小学劳动教育的意见》，这是新时代劳动教育的总体指导意见。2021年4月，"培养德智体美劳全面发展的社会主义建设者和接班人"被写进新修订的《中华人民共和国教育法》。与此同时，2020年以来，全国各省（自治区、直辖市）陆续发布劳动教育的实施意见和举措，各级各类学校纷纷加强劳动教育教学和实践，各大媒体也广泛报道劳动教育的重要理念和典型做法。在政策、研究、实践和宣传的综合带动下，劳动教育受到社会各界的广泛关注和普遍重视，成为中国教育领域的热点话题。

劳动教育的重要性毋庸置疑，深入推进劳动教育是普遍共识。然而，究竟如何推进劳动教育，如何开设课程，如何举办活动，如何进行评价，如何加强保障，如何发挥各群体力量？关于这些问题，目前没有形成共识，甚至还存在一些争议或误区。更有甚者，一些家长和教育工作者对劳动的认识不够全面深入，对劳动教育的认识存在一些偏见，这势必影响劳动教育的具体实施，影响育人的过程和效果，影响人才的成长和整个社会的人力资本积累。因此，普及劳动教育的基本理念，澄清劳动教育的认识误区，推广劳动教育的正确做法，回应劳动教育的现实问题，对于凝聚共识、持续推进劳动教育具有重要的现实意义。

在此背景下，中国劳动关系学院劳动教育学院（劳动教育研究院）组织编写这本劳动教育普及读物，旨在响应新时代对劳动教育的价值呼唤，呼应劳动教育在教育理论和教育体系中的地位和功能，回应社会各界关心的劳动教育问题，为进一步深化共识、汇聚力量开展劳动教育提供参考。

本书以八个篇章、100个问答的形式，回应新时代社会各界对劳动教育的主要关注点，涉及劳动与劳动教育的基本理念、中国劳动教育发展历程、国外劳动教育、学校劳动教育、家庭劳动教育、社会劳动教育、劳动与劳动教育的未来等方面。我们希望全面梳理劳动教育的价值、中国劳动教育的悠久历史、国外代表性国家的劳动教育做法、学校家庭社会劳动教育的内容和方式、人工智能时代劳动教育的意义和方法等，让关心和参与劳动教育的各界人士快速了解劳动教育，形成对劳动教育的全面认识，从而在某一方面有所侧重或突破。

本书由中国劳动关系学院劳动教育学院（劳动教育研究院）副教授党印主编，李素卿担任副主编，劳动教育学院（劳动教育研究院）李珂院长和曲霞副院长主审全部内容，参编人员有中华全国总工会办公厅的李蕾同志，劳动教育学院（劳动教育研究院）的6位教师，以及全国首个劳动教育管理MPA项目的4位研究生。其中，赵文晓撰写第1～10问，张新晨撰写第11～20问，张诺撰写第21～30问，党印撰写第31～40问，王鑫渝撰写第41～50问，丁红莉撰写第51～60问，韩秉好撰写第61～65问，李素卿撰写第66～75问，李蕾撰写第76～84问，唐天培撰写第85～90问，张泽汉撰写第91～100问。全书由党印、李素卿统稿总纂。

本书为教育部首批新文科研究与改革实践项目"劳动教育新文科建设的实践与探索"阶段性成果。在撰写和出版的过程中，中国劳动关系学院党委书记刘向兵教授多次关注，并提出相关建议，劳动教育学院（劳动教育研究院）的胡玉玲、张清宇和谢颜老师也多次提出意见和建议，在此一并致谢。中国人民大学出版社魏文精心编辑全书内容并提出宝贵的修改意见和建议，为本书出版付出了大量精力，我们深表感谢。

虽然我们尽心组织，认真撰写，反复讨论并完善相关内容，但难免存在挂一漏万、表述不当或错误之处，敬请各界人士不吝赐教，相关意见或建议请发至邮箱dangyin1999@163.com。

目录
CONTENTS ▸

第七篇 ◉ 社会劳动教育 …………………………………… **134**

第一篇

劳动与劳动教育

什么是劳动?

　　说起劳动，人们可能会想到做饭、洗碗、扫地、农民种地、工人生产、知识分子伏案创作等画面，也可能会想到负重前行、汗流浃背、忙忙碌碌、收获满满等情形。

　　《现代汉语词典》中，"劳动"有三层含义：人类创造物质或精神财富的活动；专指体力劳动；进行体力劳动①。《辞海》中，劳动的首要含义是"人们改变劳动对象使之适合自己需要的有目的的活动，即劳动力的支出或使用"，也有"操作""体力劳动""劳驾"的含义②。《中国大百科全书》将劳动定义为："人类特有的基本的社会实践活动。人通过有目的的活动改造自然对象，并在这一活动中改造人自身的过程。劳动体现了人与自然、人与人两方面关系的统一。"③《文史哲百科辞典》指出，劳动是"人们使用工具改造自然物，使之适合自己需要的有目的的活动，即劳动力的使用或消费，包括脑力劳动和体力劳动"④。《教育大辞典》将劳动定义为："劳动力的使用和消费。人以自身活动来引起，调整和控制人和自然之间的物质变换过程。制造和使用生产工具，并在一定的社会关系中进行劳动，是人和动物的本质区别。"⑤

---

① 中国社会科学院语言研究所词典编辑室编. 现代汉语词典. 7版. 北京：商务印书馆，2016：780.

② 辞海. 上海：上海辞书出版社，2009：1306.

③ 中国大百科全书. 2版. 北京：中国大百科全书出版社，2009：324.

④ 高清海. 文史哲百科辞典. 长春：吉林大学出版社，1998：340.

⑤ 顾明远. 教育大辞典（增订合编本）. 上海：上海教育出版社，1998：313.

在不同的学科视域下，劳动的内涵不尽相同。

从历史演进的角度看，劳动对人类社会和人类本身具有重要意义，并在不同的社会发展阶段表现出不同的社会属性。《辞海》关于"劳动"的释义指出："劳动是人类社会存在和发展的最基本条件，在人类形成过程中起了决定性作用。人类的祖先类人猿长期劳动实践，才变成能制造工具的人。劳动在不同的社会制度下具有不同的社会属性。在奴隶制度、封建制度和资本主义制度下，劳动者的劳动表现为奴隶劳动、农奴劳动和雇佣劳动，是不同性质的受剥削的劳动；在社会主义公有制下，劳动者成了国家和企业的主人，不再受剥削；进入共产主义后，劳动不仅是谋生的手段，而且将成为人们生活的第一需要。"[①]

从文化角度看，劳动对应的更多是勤劳。勤劳是中华民族千百年来倡导的行为和美德，对劳动的肯定和赞美是中国传统文化的重要内容。史前时代就有诸多歌颂勤劳的神话，比如因勤劳能干而被尧封赏土地的后稷，为争取更多劳动时间而追逐太阳的夸父，为解救人类于漫漫黑夜而辛勤钻木的燧人

氏等。很多神话都在勉励人们辛勤劳动。中华儿女自强不息，用劳动创造了生活、创造了灿烂文化，在劳动中培养了互助和团结精神。"种豆南山下，草盛豆苗稀。晨兴理荒秽，带月荷锄归。道狭草木长，夕露沾我衣。衣沾不足惜，但使愿无违。"这首诗描绘了古代劳动人民辛勤劳动、幸福生活的场景。不少古诗词更是自然地将辛勤劳动与珍惜食物结合起来，深深影响并塑造着中国人勤俭节约的美德，比如妇孺皆知的"锄禾日当午，汗滴禾下土。谁知盘中餐，粒粒皆辛苦"。

从哲学角度看，劳动是主体、客体和意义的集成体，通常是指能够对外输出劳动量或劳动价值的人类运动。劳动是人类社会进步和发展的基础，是人类生存和发展的唯一手段。马克思指出，"劳动首先是人和自然之间的过

---

① 辞海. 上海：上海辞书出版社，1999：352.

程，是人以自身的活动来中介、调整和控制人和自然之间的物质变换的过程"[1]。马克思对劳动概念的理解，强调劳动是人的本质，是人的自我实现。

从经济学角度看，劳动是人类改造自然的物质活动，是满足人的需要、创造物质价值的活动，不仅包括生产活动，也包括消费活动。人类的消费活动与劳动往往是相互渗透、相互作用的，消费活动中通常有劳动的内容，劳动也伴随着一定的消费活动。人类的消费活动从其客观目的来说，有时是为主观享受，有时是为劳动做必要的生理、心理和精神上的事前准备和事后补偿。消费活动是为劳动服务的，是劳动的前提和基础。在《资本论》中，马克思指出："劳动力的使用就是劳动本身。劳动力的买者消费劳动力，就是叫劳动力的卖者劳动。"[2] 劳动是商品价值的唯一源泉，不同形式的具体劳动主要决定使用价值，而凝结在商品中的一般的、无差别的抽象劳动则是形成商品价值的唯一源泉。

从教育学角度看，劳动创造知识，教育关乎未来。教育的目的是培养德智体美劳全面发展的、有益于社会进步的人，教育要服务于受教育者、企业、行业、国家和社会，要面向世界，面向未来，因此教育需要与生产劳动和社会实践相结合，任何脱离实践、鄙视生产劳动的教育都不利于青年一代成长和发展。没有劳动的教育是纸上谈兵，没有教育的劳动是故步自封，学校教育不能脱离社会实践，必须与生产劳动和社会实践相结合，走进工厂、走进农村、走向社区、走向街道，走入各行各业的生产或服务实践，学以致用，以行促知，最终实现融会贯通，知行合一。

综上所述，劳动是人类生存和发展的必然活动，是人与动物的本质区别，是人类社会进步的重要动力。劳动是价值和财富的源泉，是人实现自由全面发展的途径。

劳动有哪些种类和形式？

按照不同的标准，劳动有不同的分类结果。各种分类从不同角度表明劳

---

① 马克思，恩格斯. 马克思恩格斯文集：第 5 卷. 北京：人民出版社，2009：207-208.
② 同①，207.

动的多样性，揭示劳动的形式差异和内在差异。

（1）简单劳动与复杂劳动。

按照复杂程度，劳动分为简单劳动与复杂劳动。

简单劳动是在一定的社会条件下不需要经过特别的专门训练，每个普通劳动者都能从事的劳动，与复杂劳动相对应。复杂劳动可以折合为若干倍简单劳动，耗费较少时间的复杂劳动生产的产品可以与耗费较多时间的简单劳动生产的产品等价交换。

复杂劳动是需要经过专门学习和训练，从而在技术上比简单劳动复杂的劳动。在商品生产的同等时间里，复杂劳动比简单劳动能创造更多的价值，少量的复杂劳动可以等于多量的简单劳动，原因在于：从事复杂劳动的劳动力需要花费更多的劳动才能被生产和再生产出来，是一种较高级的劳动力。

（2）体力劳动与脑力劳动。

按照劳动器官与力量消耗的侧重点，劳动分为体力劳动与脑力劳动。

体力劳动是劳动者以运动系统为主要运动器官的劳动。农民、建筑工人、生产车间工人等群体以体力劳动为主。按强度的不同，体力劳动可以分为4级：Ⅰ级体力劳动，8小时工作日平均耗能值为3 558.8千焦耳/人，劳动时间率为61%，即净劳动时间为293分钟，相当于轻劳动；Ⅱ级体力劳动，8小时工作日平均耗能值为5 560.1千焦耳/人，劳动时间率为67%，即净劳动时间为320分钟，相当于中等强度劳动；Ⅲ级体力劳动，8小时工作日平均耗能值为7 310.2千焦耳/人，劳动时间率为73%，即净劳动时间为350分钟，相当于重强度劳动；Ⅳ级体力劳动，8小时工作日平均耗能值为11 304.4千焦耳/人，劳动时间率为77%，即净劳动时间为370分钟，相当于"很重"强度劳动①。

脑力劳动是以脑力消耗为主的劳动。其特征在于劳动者在生产中运用的是智力、科学文化知识和生产技能，故亦称"智力劳动"，是质量较高的复杂劳动。劳动中体力受脑力的支配，脑力以体力为基础，劳动是二者的结合。脑力劳动主要体现在劳动者运用科学文化知识、生产技能和经验进行创造性活动。劳动者的智力具有无限的广延性和创造性，具有明显的历史继承性和积累性。

---

① 职业病网. 体力劳动强度分级.（2020-01-19）［2021-6-12］. http://www.zybw.com/Read/zyb/fz/3482.html.

（3）具体劳动与抽象劳动。

按照形态是否可见，劳动分为具体劳动与抽象劳动。

具体劳动是实实在在看得见的劳动。人类要生存，就必须进行各种劳动，改造自然界，生产出产品，以其使用价值满足人类的不同需要。它体现人和自然的关系，是人类社会生存发展的首要条件，不以社会形态的不同为转移，是与人类同时存在的永恒范畴。随着社会生产力、科学技术的进步，具体劳动日益复杂化和多样化。千差万别的具体劳动分门别类，形成社会分工体系和职业群体。

抽象劳动是撇开具体劳动形式的无差别人类劳动。它反映人与人之间一定的经济关系或社会关系，是一个历史的范畴，存在于商品经济中，由商品的交换过程决定。它不是独立的劳动形式，而是将各种具体劳动的形式抛开，从中抽取出共同的没有质的区别的属性。生产商品所耗费的一般人类劳动凝结在商品体中，形成商品的价值。正因为各种商品的价值都是由一般人类劳动凝结而成，各种具体劳动生产出来的不同商品才在社会形态上具有相同的质，才能在商品交换中相互做量的比较。抽象劳动不仅仅是纯生理意义上的一般人类劳动耗费，它实质上是商品生产者之间相互交换劳动的经济关系。

（4）必要劳动与剩余劳动。

按照必要性和所处的生产阶段，劳动分为必要劳动和剩余劳动。

必要劳动是劳动者用来维持本人及其家庭的生活，延续劳动力再生产所必须进行的劳动，它在任何社会形态下都存在，是社会再生产的基础。从事这种劳动的时间称为必要劳动时间，在此时间内生产的产品称为必要产品。必要劳动时间的长短取决于生产力水平的高低。在原始社会，生产力水平十分低下，人们全部劳动时间都是必要劳动时间。随着社会生产力的逐步提高，必要产品有了剩余，这才有了必要劳动和剩余劳动的划分。

剩余劳动是必要劳动的对称，是劳动者超出必要劳动范围所进行的劳动。劳动者在生产劳动中，除生产维持自己及其家属生活需要的产品外，还生产剩余产品。生产剩余产品所消耗的劳动称为剩余劳动，在私有制社会中即为剥削者所占有的劳动。社会主义社会中剩余产品为社会所有，剩余劳动是社会发展的基本条件之一，也是创造物质文明和精神文明的基础。

为什么人与动物的区别是劳动?

恩格斯说过,"劳动创造了人本身"。在从猿到人的转变过程中,劳动不断地影响和改造人,渐渐地,人与动物变得越来越不同。

(1)劳动使手变得更为灵活。

人类学的主流观点是,随着3 000万年以前东非大裂谷出现,灵长类动物在地理上被一分为二,大裂谷西边的依然保持原始的生态,而东边的自然环境逐步恶化,随着森林的减少和草原的出现,南方古猿不得不学着站起来走路,用手去摘取高处的果实,手逐渐成为重要的劳动工具。为了适应新的劳动,肌肉、骨骼、韧带不断以新的方式来满足复杂的劳作。在反复的适应与锻炼中,手变得越来越灵活。

(2)劳动激发语言。

劳动拓展了直立人的视野,强化了群居的生活形式,促进了群体成员的紧密合作,接下来正如恩格斯所说,"这些正在形成中的人,已经到了彼此间有些什么非说不可的地步了",语言就这样诞生了。动物界也存在"语言",蜜蜂可以用极其复杂的舞蹈告知同伴花蜜的方位和距离;所有的动物都能以自己特殊的姿态或声音向同伴报告危险的来临,传达愉快及痛苦的感受;有的灵长动物,如黑猩猩还能学会一些人类的手势语和特殊的符号语言。但即便是脑结构和人类有极大可比性的猩猩,也不能像人类这样创造性地使用语言。虽然经过严格训练的猩猩在特定的场合能使用其所学的"语言",比如,见到主人做敬礼的动作,但是这种条件反射式地使用语言与语言的创造性使用还相去甚远。人类在进化过程中,劳动种类不断增多,交流的欲望不断增加,从而推动了语言的产生。

(3)劳动改造自然。

动物只能被动地适应自然,只有人类才能主动地改造自然,使自然更好地满足人的需求。这个根本区别是由劳动赋予的,人对自然界的改造是经过事先认知和思考判断的,是有目的、有计划的。人类活动的目的性越明显,其所创造的人类社会就愈发区别于自然存在。人通过具体劳动改变自然,创造出自然界没有的事物,使其更好地为人类服务,这是其他动物活动都不具备的本质特征。

（4）劳动开创文明。

在漫长的岁月中，劳动范围的扩大和感知器官的发育导致产生越来越多的信息，这些信息需要大脑来处理，大脑的发育和语言的发展有利于将所见所闻、所知所感传达给群体，由此形成了以群居部落为单位的原始文明。同样，森林古猿也是群居生活，然而森林古猿并没有产生文明。在恩格斯看来，猿群的活动仅仅满足于把它们所在区域或由于抵抗其他猿群而占领的觅食地区的食物吃光。为了获取新的觅食地，它们迁徙、战斗和掠夺，但是除了自然界"赐予"的天然食物之外，猿群无法创造出自然界不存在的任何事物。人类在最初阶段也是被迫适应环境，但是由于手脚、大脑的发育，由于语言、思维的发展，人类发展出区别于采集、狩猎的生存方式，于是有了农业，有了畜牧业，有了纺纱、冶金、制陶等行业。

以上表明，劳动是人与动物的本质区别，劳动是人类区别于其他动物的根本特征，劳动是人之所以为人的根本起点。劳动创造了人，劳动也成就了人，劳动是人类进化的推动力量。

人类为什么要劳动？

马克思说："一个很明显的而以前完全被人忽略的事实，即人们首先必须吃、喝、住、穿，就是说首先必须劳动，然后才能争取统治，从事政治、宗教和哲学等等，——这一很明显的事实在历史上的应有之义此时终于获得了承认。"[①]幼儿一出生，面临的首要问题就是生存，有些技能是天生的，有些技能是后天学习的。随着年龄的增长，需要学习更多的生存技能。若要取得一番成绩，则要学习更多的技能，从事更多的劳动。

（1）人类的生存离不开劳动。

无论是茹毛饮血的远古时期，还是刀耕火种的农业文明，无论是机器轰鸣的工业时代，还是网络发达的信息化时代，人类都要生存下来。生存就要有吃的食物、喝的饮品、避寒的衣服和遮风挡雨的庇护所，这些都不会从天

---

① 马克思，恩格斯. 马克思恩格斯选集：第 3 卷. 3 版. 北京：人民出版社，2012：723.

而降，需要通过劳动来创造和获得。人类早已脱离摘果狩猎的生活，不需要每个人亲自去生产、创造这些生存必需品，但是需要用另一种劳动产生的东西去交换这些必需品。个体通过劳动创造一定的价值，将劳动创造的价值兑换成货币，然后用货币去换取自己生存所需的物品，这个过程就是劳动换取生存。因此，想要生存，就必须进行劳动。

（2）人类的发展离不开劳动。

随着人类社会的发展，物质生活不断丰富，人们不再只满足于生存需要，对美好生活的追求愈发强烈，但是美好生活需要靠劳动去创造。劳动是打开幸福之门的钥匙。

苏霍姆林斯基说："一个人能在劳动的物质成果中体现他的智慧、技艺、对事业的无私热爱和把自己的经验传授给同志的志愿。"每个人都希望过上美好的生活，可是怎样才能过上美好的生活呢？有的人期待别人的恩赐；有的人想投机取巧。然而真正的美好生活只有靠劳动去创造。

随着年龄的增长，人们要承担一定的责任。如果衣来伸手、饭来张口，就是寄生虫，是家庭和社会的包袱。作为家庭的一员，提高家庭的幸福指数需要辛勤劳动，"不劳动者不得食"依然适用于当今的社会，劳动是享受美好幸福生活的必要条件。通过劳动，人们可以实现更好的发展，造福更多的人。

（3）人类文明的进步更离不开劳动。

马克思说过，"任何一个民族，如果停止劳动，不用说一年，就是几个星期，也要灭亡"[1]。一个国家、一个民族、一座城市的振兴和发展离不开劳动。城市里，大楼需要建筑工人来搭建，街道需要环卫工人来清扫，物流离不开快递小哥……城市的发展还离不开程序员、工程师等其他劳动者的劳动。每个人都需要参与所在岗位、部门和行业的发展，需要为所在城市的发展添砖加瓦。所有劳动者用汗水和辛勤劳动绘制了人类历史文明的画卷。

5

常见的不良劳动观念和现象有哪些？

每个时代每个社会都有很多勤劳的人，也有一些慵懒的人，有一些崇尚

---

[1] 马克思，恩格斯. 马克思恩格斯选集：第4卷. 3版. 北京：人民出版社，2012：473.

劳动、奋斗进取的人，也有一些鄙视劳动、贪图享乐的人。慵懒之人，鄙视劳动、贪图享乐之人会有一些不良的劳动观念，有时表现为不良的行为。

（1）轻体力劳动，重脑力劳动。

古语有云：劳心者治人，劳力者治于人。基于此，一些古代人轻体力劳动，重脑力劳动。到了现代，很多人依然认为脑力劳动是高级的，是聪明的象征，体力劳动是低贱的，是愚笨的象征。最具代表性的例子就是，很多家长会对孩子说，"不好好学习，以后就去扫大街吧"，"好好学习，以后坐办公室"，将一代人的观念灌输给下一代。在职业选择上，技工远不如白领更受人追捧，生产车间远不如空调办公室更令人向往。

（2）不会劳动，不愿意去劳动。

《论语·微子》中提出："丈人曰：'四体不勤，五谷不分，孰为夫子？'"这句话用在当下一些孩子身上再合适不过。这些孩子有的一出生就受到全家人宠溺，衣食住行由家人包办，自然而然，他们的劳动观念就会薄弱。家长的过分溺爱导致一些孩子不愿意参与劳动，例如在学校的大扫除中，学生不愿意擦黑板，理由是会弄脏手；不愿意扫地，原因是嫌垃圾难闻；不愿意擦玻璃，理由是不想碰冷水；等等。

（3）不尊重劳动，不尊重普通劳动者。

党的十六大报告中首次提出"四个尊重"的重要思想，其中"尊重劳动"位列"四个尊重"之首[①]。党的十九大报告继续指出，"建设知识型、技能型、创新型劳动者大军，弘扬劳模精神和工匠精神，营造劳动光荣的社会风尚和精益求精的敬业风气"。然而现实生活中不尊重劳动、不尊重劳动者、不珍惜劳动成果的现象时有发生：环卫工人刚刚打扫好街道，有的人就边走边吃边扔垃圾，被制止后还美其名曰为环卫工人创造工作价值；公交车上，看到衣着不太整洁的农民，有的人就远远躲开；饭店里，有的人对着服务员吆五喝六，态度恶劣……这些仅仅是道德上的问题。诸如拖欠劳动者的工资、不给劳动者缴纳社保、侵犯他人的知识产权等不尊重劳动以及劳动成果的情况就违反了法律，会受到法律的制裁。

（4）拜金主义，盲目追求高薪。

随着经济发展水平不断提升，拜金主义思想慢慢传入我国，导致许多

---

① 另外三个分别为尊重知识、尊重人才、尊重创造。

年轻人，特别是即将步入社会、面临就业的大学生群体盲目追求高薪，金钱至上，物质至上，希望一夜暴富。由此产生的影响是：一方面，在面临职业和岗位的选择时，一味追求高薪，而忽略自身的职业规划，选择了不喜欢的职业，限制了自身的发展空间，不利于职业的发展；另一方面，在追捧金钱的氛围下，一部分人不愿意劳动，妄想用投机、违法、不劳而获的手段获取金钱。

（5）频繁跳槽，缺乏职业精神。

俗话说，"干一行爱一行"，"三百六十行，行行出状元"。然而现代社会出现一种截然相反的现象——频繁跳槽。一部分人在工作中眼高手低，好高骛远，没有清晰的职业计划，不清楚自己想要干什么，所以通过不停地换岗来寻找自己喜欢的工作；一部分人缺乏吃苦耐劳的精神，工作上稍有不顺就跳槽；还有一部分人追名逐利，这山望着那山高，看到别的单位工资高就离职。如此这般频繁跳槽，既不利于用人单位培养人才，也不利于个人提高专业素养和实现个人的长远发展。

劳动教育的目标和内容是什么？

2020年7月，教育部发布《大中小学劳动教育指导纲要（试行）》（以下简称《纲要》），明确指出新时代劳动教育的目标和内容。

（1）劳动教育的目标。

《纲要》指出，要准确把握社会主义建设者和接班人的劳动精神面貌、劳动价值取向和劳动技能水平的培养要求，全面提高学生劳动素养，使学生：

树立正确的劳动观念。正确理解劳动是人类发展和社会进步的根本力量，认识劳动创造人、劳动创造价值、创造财富、创造美好生活的道理，尊重劳动，尊重普通劳动者，牢固树立劳动最光荣、劳动最崇高、劳动最伟大、劳动最美丽的思想观念。

具有必备的劳动能力。掌握基本的劳动知识和技能，正确使用常见劳动工具，增强体力、智力和创造力，具备完成一定劳动任务所需要的设计、操作能力及团队合作能力。

培育积极的劳动精神。领会"幸福是奋斗出来的"内涵与意义，继承中华民族勤俭节约、敬业奉献的优良传统，弘扬开拓创新、砥砺奋进的时代精神。

养成良好的劳动习惯和品质。能够自觉自愿、认真负责、安全规范、坚持不懈地参与劳动，形成诚实守信、吃苦耐劳的品质。珍惜劳动成果，养成良好的消费习惯，杜绝浪费。

（2）劳动教育的内容。

《纲要》指出，劳动教育的内容主要包括日常生活劳动、生产劳动和服务性劳动中的知识、技能与价值观。日常生活劳动教育立足个人生活事务处理，结合开展新时代校园爱国卫生运动，注重生活能力和良好卫生习惯培养，树立自立自强意识。生产劳动教育要让学生在工农业生产过程中直接经历物质财富的创造过程，体验从简单劳动、原始劳动向复杂劳动、创造性劳动的发展过程，学会使用工具，掌握相关技术，感受劳动创造价值，增强产品质量意识，体会平凡劳动中的伟大。服务性劳动教育让学生利用知识、技能等为他人和社会提供服务，在服务性岗位上见习实习，树立服务意识，实践服务技能；在公益劳动、志愿服务中强化社会责任感。

在不同学段，劳动教育的内容各有侧重：

①小学。

低年级：以个人生活起居为主要内容，开展劳动教育，注重培养劳动意识和劳动安全意识，使学生懂得人人都要劳动，感知劳动乐趣，爱惜劳动成果。指导学生：完成个人物品整理、清洗，进行简单的家庭清扫和垃圾分类等，树立自己的事情自己做的意识，提高生活自理能力；参与适当的班级集体劳动，主动维护教室内外环境卫生等，培养集体荣誉感；进行简单手工制作，照顾身边的动植物，关爱生命，热爱自然。

中高年级：以校园劳动和家庭劳动为主要内容开展劳动教育，体会劳动光荣，尊重普通劳动者，初步养成热爱劳动、热爱生活的态度。指导学生：参与家居清洁、收纳整理，制作简单的家常餐等，每年学会 1～2 项生活技能，增强生活自理能力和勤俭节约意识，培养家庭责任感；参加校园卫生保洁、垃圾分类处理、绿化美化等，适当参加社区环保、公共卫生等力所能及的公益劳动，增强公共服务意识；初步体验种植、养殖、手工制作等简单的生产劳动，初步学会与他人合作劳动，懂得生活用品、食品来之不易，珍惜劳动成果。

②初中。

兼顾家政学习、校内外生产劳动、服务性劳动，安排劳动教育内容，开展职业启蒙教育，体会劳动创造美好生活，养成认真负责、吃苦耐劳的劳动品质和安全意识，增强公共服务意识和担当精神。让学生：承担一定的家庭日常清洁、烹饪、家居美化等劳动，进一步培养生活自理能力和习惯，增强家庭责任意识；定期开展校园包干区域保洁和美化，以及助残、敬老、扶弱等服务性劳动，初步形成对学校、社区负责任的态度和社会公德意识；适当体验包括金工、木工、电工、陶艺、布艺等项目在内的劳动及传统工艺制作过程，尝试家用器具、家具、电器的简单修理，参与种植、养殖等生产活动，学习相关技术，获得初步的职业体验，形成初步的生涯规划意识。

③普通高中。

注重围绕丰富职业体验，开展服务性劳动和生产劳动，理解劳动创造价值，接受锻炼、磨炼意志，具有劳动自立意识和主动服务他人、服务社会的情怀。指导学生：持续开展日常生活劳动，增强生活自理能力，固化良好劳动习惯；选择服务性岗位，经历真实的岗位工作过程，获得真切的职业体验，培养职业兴趣；积极参加大型赛事、社区建设、环境保护等公益活动、志愿服务，强化社会责任意识和奉献精神；统筹劳动教育与通用技术课程相关内容，从工业、农业、现代服务业以及中华优秀传统文化特色项目中，自主选择1～2项生产劳动，经历完整的实践过程，提高创意物化能力，养成吃苦耐劳、精益求精的品质，增强生涯规划的意识和能力。

④职业院校。

重点结合专业特点，增强职业荣誉感和责任感，提高职业劳动技能水平，培育积极向上的劳动精神和认真负责的劳动态度。组织学生：持续开展日常生活劳动，自我管理生活，提高劳动自立自强的意识和能力；定期开展校内外公益服务性劳动，做好校园环境秩序维护，运用专业技能为社会、为他人提供相关公益服务，培育社会公德，厚植爱国爱民的情怀；依托实习实训，参与真实的生产劳动和服务性劳动，增强职业认同感和劳动自豪感，提升创意物化能力，培育不断探索、精益求精、追求卓越的工匠精神和爱岗敬业的劳动态度，坚信"三百六十行，行行出状元"，体认劳动不分贵贱，任何职业都很光荣，都能出彩。

⑤普通高等学校。

强化马克思主义劳动观教育，注重围绕创新创业，结合学科专业开展生产劳动和服务性劳动，积累职业经验，培育创造性劳动能力和诚实守信的合法劳动意识。使学生：掌握通用劳动科学知识，深刻理解马克思主义劳动观和社会主义劳动关系，树立正确的择业就业创业观，具有到艰苦地区和行业工作的奋斗精神；巩固良好日常生活劳动习惯，自觉做好宿舍卫生保洁，独立处理个人生活事务，积极参加勤工助学活动，提高劳动自立自强能力；强化服务性劳动，自觉参与教室、食堂、校园场所的卫生保洁、绿化美化和管理服务等，结合"三支一扶"、大学生志愿服务西部计划、"青年红色筑梦之旅"、"三下乡"等社会实践活动开展服务性劳动，强化公共服务意识和面对重大疫情、灾害等危机主动作为的奉献精神；重视生产劳动锻炼，积极参加实习实训、专业服务和创新创业活动，重视新知识、新技术、新工艺、新方法的运用，提高在生产实践中发现问题和创造性解决问题的能力，在动手实践的过程中创造有价值的物化劳动成果。

劳动教育的实践途径有哪些？

《纲要》指出，大中小学可以通过以下途径开展劳动教育。

（1）独立开设劳动教育必修课。

在大中小学设立劳动教育必修课程。中小学劳动教育课平均每周不少于1课时，用于活动策划、技能指导、练习实践、总结交流等，与通用技术和地方课程、校本课程等有关内容进行必要统筹。职业院校开设劳动专题教育必修课，不少于16学时；主要围绕劳动精神、劳模精神、工匠精神、劳动组织、劳动安全和劳动法规等方面设计。普通高等学校要将劳动教育纳入专业人才培养方案，明确主要依托的课程，可在已有课程中专设劳动教育模块，也可专门开设劳动专题教育必修课，本科阶段不少于32学时；课程内容应加强马克思主义劳动观教育，普及与学生职业发展密切相关的通用劳动科学知识，并经历必要的实践体验。

（2）在学科专业中有机渗透劳动教育。

中小学道德与法治（思想政治）、语文、历史、艺术等学科要有重点地纳入劳动创造人本身、劳动创造历史、劳动创造世界、劳动不分贵贱等马克思主义劳动观，纳入歌颂劳模、歌颂普通劳动者的选文选材，纳入阐释勤劳、节俭、艰苦奋斗等中华民族优良传统的内容，加强对学生辛勤劳动、诚实劳动、合法劳动等方面的教育。数学、科学、地理、技术、体育与健康等学科要注重培养学生劳动的科学态度、规范意识、效率观念和创新精神。

职业院校要将劳动教育全面融入公共基础课，要强化马克思主义劳动观、劳动安全、劳动法规教育。专业课在进行职业劳动知识技能教学的同时，注重培养"干一行爱一行"的敬业精神，吃苦耐劳、团结合作、严谨细致的工作态度。

普通高等学校要将劳动教育有机纳入专业教育、创新创业教育，不断深化产教融合，强化劳动锻炼要求，加强高等学校与行业骨干企业、高新企业、中小微企业紧密协同，推动人才培养模式改革。专业类课程主要与服务学习、实习实训、科学实验、社会实践、毕业设计等相结合开展各类劳动实践，注重分析相关劳动形态发展趋势，强化劳动品质培养。在公共必修课中，要进一步强化马克思主义劳动观教育、劳动相关法律法规与政策教育。

（3）在课外校外活动中安排劳动实践。

将劳动教育与学生的个人生活、校园生活和社会生活有机结合起来，丰富劳动体验，提高劳动能力，深化对劳动价值的理解。

中小学每周课外活动和家庭生活中劳动时间，小学1至2年级不少于2小时，其他年级不少于3小时；职业院校和普通高等学校要明确生活中的劳动事项和时间，纳入学生日常管理工作。

大中小学每学年设立劳动周，采用专题讲座、主题演讲、劳动技能竞赛、劳动成果展示、劳动项目实践等形式进行。小学以校内为主，小学高年级可适当安排部分校外劳动；普通中学、职业院校和普通高等学校兼顾校内外，可在学年内或寒暑假安排，以集体劳动为主，由学校组织实施。高等学校也可安排劳动月，集中落实各学年劳动周要求。

（4）在校园文化建设中强化劳动文化。

学校要将劳动习惯、劳动品质的养成教育融入校园文化建设之中。要通过制定劳动公约、每日劳动常规、学期劳动任务单，采取与劳动教育有关的兴趣小组、社团等组织形式，结合植树节、学雷锋纪念日、"五一"劳动节、农民丰收节、志愿者日等，开展丰富的劳动主题教育活动，营造劳动光荣、创造伟大的校园文化。

要举办"劳模大讲堂"、"大国工匠进校园"、优秀毕业生报告会等劳动榜样人物进校园活动，组织劳动技能和劳动成果展示，综合运用讲座、宣传栏、新媒体等，广泛宣传劳动榜样人物事迹，特别是身边的普通劳动者事迹，让师生在校园里近距离接触劳动模范，聆听劳模故事，观摩精湛技艺，感受并领悟勤勉敬业的劳动精神，争做新时代的奋斗者。

劳动教育有哪些独特的育人价值？

劳动是一种运用体力、智力、知识和工具改变自然界并生产出满足人类需要的物质财富或精神财富的活动，是人类生存和发展的基础，是由人所主导的、有目的有意识地进行的与自然界的物质、能量和信息交换和变换的过程。人世间的一切幸福都需要靠辛勤的劳动来创造。在实现中华民族伟大复兴的中国梦的征程中，我们可谓生逢其时、适得其势。青少年成长成才不仅需要知识和智慧，还需要深厚的劳动情怀和正确的劳动价值观。

劳动教育有以下独特的育人价值：

（1）劳动教育的树德作用。

"立德树人"是教育的根本任务，教育要培养"德才兼备"的人才。德育是人才培养的重要方面。劳动教育不仅能培养学生吃苦耐劳、埋头苦干的劳动精神，还可以让学生感受劳动者的辛劳，从而尊重劳动成果、珍惜劳动成果，尊重普通劳动者，培育诚实劳动、辛勤劳动的态度和精神，树立正确的世界观、人生观、价值观、劳动观。

（2）劳动教育的增智作用。

随着社会的不断进步，新型科技代替人类劳动的现象层出不穷，这是人类智慧的进步和体现。劳动教育不再仅限于 20 世纪七八十年代劳动创造美的说法，而是具有引领人类智慧进步的价值。在劳动实践中，学生可以发现问题、提出问题、研究问题、解决问题，把单一的体力劳动转变成极具逻辑思维含量的创造性劳动。

劳动教育并不影响应试教育，反而扩展了学习方式和学习内容。它提供了新型思维方式，这种思维对于学习文化基础课是有益的，让学生不再枯燥无味地记忆内容，而是培养智慧记忆的能力。将劳动教育理念融入师生互动、校园环境、课业评价、学校制度等方面，也可以提高学生学习的自主性。

（3）劳动教育的强体作用。

要想培养身心两健的人，必须重视体力劳动的作用。参加体力劳动，既可锻炼身体，又可锻炼头脑，身体的协调与头脑的灵巧是相互促进的。人们可以在体力劳动中养成强健的体格，锻炼头脑和四肢的协调性、灵活性，还可以更好地理解书本知识，积累经验。正如卢梭在《爱弥儿》中所表达的，通过劳动教育这条途径，爱弥儿既拥有农夫般强劲灵便的双手，又具备哲学家聪慧严谨的头脑。新时代劳动教育的方式之一是重视体力劳动，让学生出力流汗，动手实践并感受劳动成果，这比单纯的体育锻炼更有效。

（4）劳动教育的育美作用。

劳动创造了世界，也创造了美。劳动美是人们在生产劳动中形成和表现出的美，是社会美最基本的内容。它是人们自由、自觉的创造活动的艺术升华，是人的才能、智慧、品格、意志、情感等本质力量最直接、最集中的体现。苏霍姆林斯基指出："人在劳动中创造自己并理解劳动的美。"劳动者在辛苦劳动之后会回味劳动之美，以美好的形式展现劳动成果，提升劳动的价值。劳动教育可以引导青少年树立正确的审美观、价值观，在各种所谓的时尚风潮中坚持自己的认识和选择。

劳动教育对个人成长有哪些影响？

2020 年 7 月发布的《大中小学劳动教育指导纲要（试行）》指出，劳动教育的目标是，准确把握社会主义建设者和接班人的劳动精神面貌、劳动价值取向和劳动技能水平的培养要求，全面提高学生劳动素养。开展劳动教育对个人成长有重要的影响，具体而言包括以下四个方面。

（1）劳动教育可以培养个人的劳动习惯。

现在的孩子大多生活在两个父母四个祖父母的家庭环境中，备受宠爱，结果就是大多数孩子不会劳动，甚至不能照顾自己的饮食起居。在新时代劳动教育中，根据学龄的不同，可以安排不同形式和内容的劳动，如低年龄段学生从最基本的生活起居开始学起，自己能做的事自己做，自己的衣物用品摆放整齐，学会收拾房间；稍高年龄段的学生则要学会洗衣服、洗刷餐具，甚至做简单饭菜等。心理学研究表明：21天以上的重复会形成习惯；90天的重复会形成稳定的习惯。同理，通过伴随式劳动教育，人们从小就能接触到劳动，并将劳动融入成长过程，在潜移默化中形成劳动的习惯。

（2）劳动教育可以培养个人的劳动意识。

长久以来，人们对劳动，尤其是体力劳动有一些偏见，"万般皆下品，唯有读书高"的观念依然存在，轻视体力劳动、不尊重体力劳动者的情况比比皆是。劳动教育可以引导人们认识劳动、参与劳动、感知劳动，亲身体验劳动的真善美。当人们在劳动中挥洒汗水时，就能够明白体力劳动者的艰辛，明白劳动只有分工不同，没有高低贵贱之分。正如习近平总书记在2018年全国教育大会上强调的，"教育引导学生崇尚劳动、尊重劳动，懂得劳动最光荣、劳动最崇高、劳动最伟大、劳动最美丽的道理"。劳动教育可以纠正人们不当的劳动观念，通过全面学习和亲身实践，培养正确的劳动意识。

（3）劳动教育可以培养个人的劳动品质。

劳动的"果实"往往是辛勤付出之后得来的，然而有的人总想忽视这个真理，妄图"走捷径"，于是就出现一些整日幻想不劳而获一夜暴富的人，一些不在乎劳动过程为达目的不择手段的人，一些劳动时眼高手低挑肥拣瘦的人。劳动教育可以让人们明白，通往幸福之路没有捷径，道路只有一条，那就是辛勤劳动。只有通过辛勤劳动、诚实劳动，才能获得真正的幸福。

（4）劳动教育可以促进个人的职业发展。

职业劳动贯穿成年人的职业生涯，它既是幸福感的来源，也是焦虑和压力的来源。个人职业选择是综合考虑自身特点、职业类别、发展方向等各方面因素的结果。对大多数人来说，职业选择意味着从过去对知识和技能的学习转变为边学习边输出，它是一个关键节点，对于个人成长具有重要意义。通过劳动教育，青少年可以学习基本的劳动常识，掌握基本的劳动技能，在实践中树立正确的劳动价值观，以积极的劳动精神面貌面对未来职业。他们能够自立于社会，承担社会责任，并以一种积极的心态为单位和社会创造价值，为实现人生价值而努力。

劳动教育对社会进步有哪些作用？

劳动教育可以提高国民素质、提升人力资本水平、促进经济发展和社会进步。

（1）劳动教育可以提高国民素质。

生产力发展支持人口素质的不断提高，人口素质的不断提高进一步促进生产力的发展。改革开放以来，我国加大教育投入，倡导培养"四有"[①] 新人，强调教育要面向世界、面向未来、面向现代化，强化高新技术产业领域自主创新，在诸多高新技术产业领域取得了显著成绩。这些事实说明，教育提升了国民素质，促进了经济发展和社会进步，因此进一步提高国民素质对社会进步意义重大。在 2018 年全国教育大会上，习近平总书记强调"要努力构建德智体美劳全面培养的教育体系，形成更高水平的人才培养体系"。作为五育之一，劳动教育的实施对提高国民素质起着不可忽视的作用。劳育有树德、增智、强体、育美的作用，劳动教育可以培养个人的劳动精神，提升个人的劳动技能，增强个人的身体素质，激发个人的创造能力。通过劳动教育，个体的综合素质得到提升，国民整体素质也会跃升，进而促进社会进步。

（2）劳动教育可以提升人力资本水平。

随着我国老龄化时代的到来，青年劳动力减少，工人工资上涨，人口红利——大量廉价劳动力——逐渐消失，这是我们不得不正视的一个严峻问题。越来越多的企业更加注重对员工素质、技能等方面的考察，企业对学校教育提出更多的要求，劳动教育显得尤为重要。当前形势下，对即将步入社会的学生开展劳动教育，通过劳动训练培养坚忍的品格，通过劳动实践提高劳动

---

① 有理想、有道德、有文化、有纪律。

技能，通过学习劳模和工匠精神树立正确的劳动观念，弘扬"爱岗敬业、争创一流、艰苦奋斗、勇于创新、淡泊名利、甘于奉献"的精神，具有重要意义。劳动教育可以提高劳动者的工作能力和技术水平，从而提高劳动生产率。

（3）劳动教育可以促进经济发展。

教育培养人才，提升人力资本，是经济发展的重要支撑。劳动教育是教育体系的重要组成部分，可以培养全面发展的人，间接促进经济发展。马克思在《资本论》中提到，"我们要考察的是专属于人的劳动。蜘蛛的活动与织工的活动相似，蜜蜂建筑蜂房的本领使人间的许多建筑师感到惭愧。但是，最蹩脚的建筑师从一开始就比最灵巧的蜜蜂高明的地方，是他在用蜂蜡建筑蜂房以前，已经在自己的头脑中把它建成了"[①]。可见，劳动的一大特点是创造和创新，同样，经济的发展离不开创造和创新，创造和创新是国家繁荣的原动力，是强国兴企之本，是企业核心竞争力之本，也是企业健康发展之本。我国"十四五"规划提出："坚持创新在我国现代化建设全局中的核心地位，把科技自立自强作为国家发展的战略支撑，面向世界科技前沿、面向经济主战场、面向国家重大需求、面向人民生命健康，深入实施科教兴国战略、人才强国战略、创新驱动发展战略，完善国家创新体系，加快建设科技强国。"通过劳动教育，在培养劳动技能和劳动素养之外，发挥创造性理念，激发劳动者的创造力和创新力，创造更多的劳动价值，促进经济发展。

劳动教育旨在培养良好的劳动观念、劳动品质、劳动技能、劳动知识，通过影响每个劳动者，在全社会形成热爱劳动、尊重劳动、尊重普通劳动者的良好氛围，促进社会进步。

---

① 马克思，恩格斯. 马克思恩格斯全集：第 23 卷. 北京：人民出版社，1972：202.

第二篇

中国劳动教育发展历程

中国古代有劳动教育吗？

远古时期，先民们与自然界抗争，与其他动物抗争，力求在自然界生存下来，先民们口口相传，手把手传授劳动技能，教授给幼孩基本的生存技能，劳动教育与生存教育、生活教育融为一体。

上古时期，随着生产劳动种类增加，劳作形式更加多样化，人们经过长期实践总结出一些专门的劳动技能，需要传授给同辈和下一辈，于是有了劳动教育的雏形，该时期的劳动教育与生产劳动紧密结合。《周易·系辞下》中记载："包牺氏没，神农氏作，斫木为耜，揉木为耒，耒耨之利，以教天下，盖取诸《益》。"我们的祖先创造各种工具和技术，然后将制造方法毫无保留地传授给其族人，族人再传授给后代，后人在其基础上改进并传播。

除了劳动技能的教育，在上古时期还比较注重劳动意识的传承。《墨子·尚贤》中记载："是故昔者舜耕于历山，陶于河濒，渔于雷泽，灰于常阳。尧得之服泽之阳，立为天子。"作为上古时期贤明的君主，舜亲自耕种，亲手制陶，以身作则从事劳动，以榜样的形式激励当世百姓和后世的子孙辛勤劳动。

周朝时期，贵族之间除了学习"礼乐射御书数"六艺外，从小还会接受基本的生活技能和习惯的教育。《礼记·内则》就记载了贵族家庭这样的教育："子能食食，教以右手。能言，男唯女俞。男鞶革，女鞶丝。六年教之数与方名。七年男女不同席，不共食。八年出入门户及即席饮食，必后长者，始教之让。"以上表明，即使在贵族家庭，必要的劳动教育也是不可或缺的。

　　春秋战国时期，随着农业和手工业的发展，劳动教育体现在各种职业的技术传承上。在农业领域，"是故其父兄之教不肃而成，其子弟之学不劳而能。夫是，故农之子恒为农，野处而不昵"。农民依照四季天气从事农事，根据不同的农事使用不同的农具，诸如耒、耜、耡、镰等，农民的孩子从小就在这样的环境下成长，耳濡目染，从父辈学到经验，自然而然就成为农民。在工匠群体中，《国语·齐语》里有这样的描述："是故其父兄之教不肃而成，其子弟之学不劳而能。夫是，故工之子恒为工。"工匠们居住在一起，从早到晚做工，他们会相互交流，他们的孩子从小就受到熏陶，学习劳动技术，这样工匠的后代就一直是工匠。此时的劳动教育更注重劳动技能的传承，这种传承一般以血缘关系为纽带，通过口口相传、手手相教的方式，劳动技能得以继承和发扬。

　　汉朝时期，以农业立国，各级政府鼓励人民进行农业生产，天子和皇室人员率先垂范。据《礼记·祭统》记载，"是故，天子亲耕于南郊，以共齐盛；王后蚕于北郊，以共纯服。诸侯耕于东郊，亦以共齐盛；夫人蚕于北郊，以共冕服"。"普天之下，莫非王土，率土之滨，莫非王臣"的帝王、母仪天下的王后、称霸一方的诸侯以及雍容华贵的夫人，并没有因为身份尊贵就不去劳动，反而和寻常百姓一样亲自耕作，亲自养蚕，这也是一种劳动教育的形式，告诫百姓切勿慵懒，要勤于劳动。

隋唐时期，颜之推在《颜氏家训》中提出，"要当稼穑而食，桑麻以衣"。他反对士大夫饱食终日、轻视技艺、不学无术的做法，提倡"实学"，主张士大夫也要接触社会实际生活，学习经世致用的知识，特别是学习农业生产知识。

宋朝时期，北宋的胡瑗在中国教育史上首先创立了分斋教学的制度，讲学分经义、治事二斋，其中治事包括讲武、水利、算术、历法等，特别是水利方面的教育，为后世培养了众多水利人才。著名爱国诗人辛弃疾，字号稼轩居士，主张"人生在勤，当以力田为先"，可见对农事劳动的重视。洪迈在其所著的《稼轩记》中这样描述辛弃疾，"济南辛侯幼安最后至，一旦独得之，既筑室百楹，财占地什四。乃荒左偏以立圃，稻田泱泱，居然衍十弓。意他日释位得归，必躬耕于是，故凭高作屋下临之，是为'稼轩'"。

元朝时期，著名的农学家王祯在当县令期间，鼓励农耕，亲自传授植棉、嫁接技术，并著《王祯农书》，其中《耙耢篇第五》中就有"今并载之，使南北通知，随宜而用，无使偏废"。王祯将南北方不同农具放在一起进行描述，便于人们使用农具。《蚕缫篇第十五》中还将南北方养蚕技术加以汇集，供人们在养蚕时学习参考。

明清时期，儒家文化中存在"君子谋道不谋食，耕也，馁在其中矣；学也，禄在其中矣"的传统，倡导君子既要读书也要重视劳作。明末清初的张履祥在《训子语》中也提到，"读而废耕，饥寒交至；耕而废读，礼仪遂亡"。"耕读传家"的文化一直有广泛的影响，被很多读书人镌刻为牌匾，高悬在大门之上或正堂之中。

12 中国近代有劳动教育吗？

在清末洋务运动时期，清政府采取"中体西用"的方式，创办新式学堂来学习西方的先进技术，以达到"师夷长技以制夷"的目的，其中就包括劳动教育的内容。

1866年，左宗棠创办福建船政学堂，其中前学堂为制造学堂，目的是培育船舶制造和设计人才，设有造船专业。其中设立艺圃，又称艺徒学堂。招收艺徒100多人，学制5年，培养中级造船工人。而后艺圃分为艺徒学堂和匠首学堂，学制分别为3年。艺徒择优升入匠首，培养高级技工（技师），优秀者可任监工（工程师）。正如左宗棠所言，"夫习造轮船，非为造轮船也，欲尽其制造、驾驶之术耳；非徒求一二人能制造、驾驶也，欲广其传，使中国才艺日进，制造、驾驶展传授受，传习无穷耳"。开设学堂的目的就是学习西方先进的造船技术，通过课程学习将造船技能学为己用，属于劳动教育的范畴。

1876年，福建巡抚丁日昌于福州设置福州电报学堂。招收曾在香港、广州学校学习英文的人和福州船政学堂的学生，请丹麦在闽电报公司派员教习。学习内容为电气、电信原理和操作方法，及制造电线、电报各种机器等。作为当时中国最早的电报学堂，电报技术的教育属于劳动技能教育。

1896年，两江总督张之洞在南京创办江南储才学堂，设交涉、农政、工艺、商务四大纲，学生120名。课程设置上有农政和工艺方面的内容，学习西方先进技术，将相关的农牧和工艺技术教授给学生，属于技法上的劳动教育。

1898年，中国近代第一所国立大学京师大学堂成立，在《钦定京师大学堂章程》中，大学堂分为预备科（简称预科）、大学专门分科和大学院三级。预科又分政、艺两科，其中艺科包括声、光、化、农、工、医、算学。大学专门分科共设7科：政治、文学、格致、农业、工艺、商务、医术。课程涉及农业和工艺方面，劳动技能是课程体系的一部分。

在中华民国时期，近代工业得到进一步发展，民族资产阶级不仅要求在政治经济方面创造继续发展的条件，也要求在教育方面提供具有文化知识的劳动力和科学技术，因此，劳动教育被纳入教学课程中。

对于小学阶段，民国政府教育部制定新学制，其中《小学校教则及课程表》规定，"初等小学校开设修身、国文、算术、手工、图画、唱歌、体操共7门课程，女子加缝纫课。""高等小学校开设修身、国文、算术、本国历史、地理、理科、手工、图画、唱歌、体操共10门课程，女子加缝纫课，男子加农业课。"在此时期，劳动教育包含手工、缝纫以及农业方面的内容。

对于中学阶段，民国政府教育部颁布的《中学校令》《施行规则》《课程标准》等文件显示，"中学校开设修身、国文、外国语、历史、地理、数学、博物、物理、化学、法制经济、图画、手工、乐歌、体操等课程，女子中学加家事、园艺（可缺）、缝纫等课"。中学课程中有手工、缝纫、园艺等劳动教育内容。

对于大学阶段，民国政府教育部针对师范学校颁布的《师范学校课程标准》和《高等师范学校课程标准》要求，"预、本科的课程为修身、教育、国文、习字、英语、历史、地理、数学、博物、物理、化学、法制、经济、图画、手工、农业（或商业）、乐歌、体操，女子师范学校免农业（或商业），加家事、园艺、缝纫课"。显然，手工、农业、园艺知识等课程属于劳动教育。

1921年，毛泽东、何叔衡、易礼容等在长沙利用船山学社的旧址和经费，办了一所新型学校——湖南自修大学。毛泽东亲自撰写《湖南自修大学组织大纲》，其中专设了有关劳动的内容："本大学学友为破除文弱之习惯，图脑力与体力之平均发展，并求知识与劳力两阶级之接近，应注意劳动。本大学为达劳动之目的，应有相当之设备，如园艺、印刷、铁工等。"

蔡元培任北京大学校长期间，提出教育科学化、劳动化、艺术化的方针，以及"军国民教育、实利主义教育、公民道德教育、世界观教育、美感教育"的教育思想。同年，全国教育会议通过新的教育宗旨，即"提高国民道德，锻炼国民体格，普及科学知识，培养艺术兴趣"。该宗旨包含德、智、体、美、劳"五育"。

1934年，中华苏维埃共和国颁布《中华苏维埃共和国小学校制度暂行条例》，规定"列宁小学的教育教学要把小学教育和政治斗争相联系，把教育与生产劳动相联系，要发展儿童的创造性"。苏区小学教育和教学非常重视生产劳动教育，在课程设置中加入劳作实习的内容。

⓭ 中国古代教育家有哪些劳动教育的论述？

中国古代有很多教育家，比如孔子、孟子、荀子、墨子、董仲舒、王充、韩愈、张载、王安石、朱熹、王阳明、颜元等，我们以几位有代表性的教育家为例，简要介绍他们关于劳动教育的论述。

（1）墨子的劳动教育观。

春秋时期的墨子指出，劳动使人与动物区别开来，并在《墨子·非乐上》中提出："今人与此异者也，赖其力者生，不赖其力者不生。"他认为人之所以不同于禽兽、麋鹿、飞鸟、爬虫等动物，是因为人依赖自己的劳动才获得生存，不劳动就无法生存。

墨子

墨子重视劳动，认为劳动与社会安定有着紧密的联系，《墨子·贵义》中记载："今有人于此，有子十人，一人耕而九人处，则耕者不可以不益急矣。何故？则食者众而耕者寡也。"墨子以耕种为例，如果一人耕种而九人闲置，会导致饭不够吃，由此可以看出，墨子鼓励大家劳动，若无劳动耕种，就会导致粮食危机。

墨子主张劳动者要遵守规矩，他在《墨子·法仪》中指出："虽至百工从事者，亦皆有法。百工为方以矩，为圆以规，直以绳，正以县。"墨子以工匠们用矩画成方形，用圆规画圆形，用绳墨画成直线，用悬锤定好偏正为例，说明不论是巧匠还是一般工匠，都要遵守法则，遵守各自行业的规矩。在劳动中更是如此，劳动者要遵守岗位的规则，有职业精神，切不可自大，擅自违背规矩。

墨子还主张节约，在够用的基础上不再增加奢侈和浪费的消费行为，珍惜百姓的劳动成果。不仅如此，墨子还反对儒家的礼乐，在《墨子·非儒下》中提出，"且夫繁饰礼乐以淫人""倍本弃事而安怠傲，贪于饮食，惰于作务，陷于饥寒，危于冻馁，无以违之"。墨子反对儒家所推崇的礼乐制度，特别是对音乐的沉迷，认为那些事务会令人懒于劳作，远离生产劳动，最终陷入危机。

（2）颜元的劳动教育观。

颜元是明末清初的教育家、思想家。他把向学生传授农业知识置于其教育活动的重要地位，并在《习斋言行录》中提到："以礼、乐、兵、农，心意身世，一致加功，是为正学。"颜元认为不劳而获是可耻的，并认为"上自天子下至庶人"，都应"早夜勤劳"，并且以身作则亲自参加农业生产，"耕田灌园，劳苦淬砺"。颜元虽从事教育和学术研究活动，但从未脱离劳动。

颜元认为人要勤于劳作，不能懒惰。正如他在《习斋言行录》中所言："人不作事则暇，暇则逆，逆则惰，则疲。暇逆惰疲，私欲乘之起矣！习学工夫，安可有暇。"一个人不做事日子就很空闲，空闲无所事事，就会有悖逆混乱的想法，就会越来越懒惰，越来越精神空虚，导致邪门恶欲滋生。如果整天忙着学习、劳动、做事，就会远离邪门恶欲。

颜元还认为，劳动具有强身健体之功效，推广到全国则可以提升人们的身体素质，使国家强盛。《习斋言行录》中提到："夙兴夜寐，振起精神，寻事去作，行之有常，并不困疲，日益精壮。"由个体扩大到国体，"一身动则一身强，一家动则一家强，一国动则一国强，天下动则天下强"。由此可以看出，劳动的强体功能并非今人首创，古人早已发现并躬身推广。

（3）乐正克的劳动教育观。

乐正克是孟子的学生，是战国时期的教育家。他总结当时的教学经验，撰写了《学记》，全面系统地阐述了教育教学方面的一系列问题，其中亦有关于劳动教育的真知灼见。他认为，劳动教育来自生活实践，劳动者之间传承劳动技能是一种良好的教育形式，不能将脑力劳动和体力劳动对立起来。他在《学记》中指出，"良冶之子，必学为裘；良弓之子，必学为箕"。其中"为裘""为箕"的学习表明，劳动技能不是与生俱来的，需要后天的学习和教育，劳动技能传授者的示范固然重要，但更重要的是学习者的实践和训练。他在《学记》中不断强调，"虽有嘉肴，弗食，不知其旨也""不学操缦，不能安弦"，意思是指，即使有美味佳肴，不去品尝就不知道其甘美；没学会调协弦音，就不能熟练地弹奏琴曲。乐正克强调亲身躬行、循序渐进练习的重要性。

中国近代教育家有哪些劳动教育的论述？

中国近代有很多著名教育家，比如康有为、徐特立、蔡元培、陶行知、黄炎培、吴玉章、杨贤江、晏阳初、章太炎、张伯苓、严复等，我们以几位有代表性的教育家为例，简要介绍他们关于劳动教育的论述。

（1）蔡元培的劳动教育观。

蔡元培先生认为，劳动的教育任何时候都不能停止，即使步入机械化时代，仍然需要劳动教育。正如1930年他在国立劳动大学演说时提到的，"现在有了机械，方法复杂，不是从前那样的教法可以学到，所以必须施行教育"。随着时代的进步，劳动技能越来越复杂，对劳动教育的需求也更迫切，他进一步指出："这种方法，也是永远在进步的。要学习这种新方法，而且要不断地加以改良，所以要劳动教育。"[①] 劳动教育的实施对社会发展有着不可替代的作用。

蔡元培

作为新文化运动的领袖人物，蔡元培先生极力反对旧文化，对儒家所提出的"劳心"与"劳力"的观点不以为然。他强调，脑力劳动和体力劳动是不可分割的，"必须脑力、劳力同时互用，否则不能有良好结果"。他认为，对于个体来说，将脑力劳动与体力劳动相结合可以提升自身的素质，同样，一个健康发展的社会不应该将脑力劳动者与体力劳动者相割裂。他在一次演说中指出："进一层言，脑力与劳动同时并进之好处，非独养成身体发达之平均，而最大关键，乃在打破劳动阶级与智识阶级之界限。"[②]

（2）陶行知的劳动教育观。

陶行知先生认为："劳动教育的目的，在谋手脑相长，以增进自立之能力，获得事物之真知及了解劳动者之甘苦。"[③] 通过劳动教育，可以协调手和大脑之间的关系，使体力劳动和脑力劳动合二为一。他认为："教劳心者劳力，教读书的人做工；教劳力者劳心，教做工的人读书。""在劳力上劳心，是一切发明之母。事事在劳力上劳心，便可得事物之真理。"[④] 个体的创造，劳心劳力缺一不可。

陶行知先生提出："中国乡村教育走错了路！他教人离开乡下向城里跑，

---

① 蔡元培著. 高平叔编. 蔡元培全集：第5卷. 北京：中华书局出版社，1988：429-432.

② 同①，166-169.

③ 陶行知. 陶行知自述. 合肥：安徽文艺出版社，2013：176-182.

④ 陶行知. 陶行知全集：第2卷. 长沙：湖南教育出版社，1985：44-45.

他教人吃饭不种稻，穿衣不种棉，做房子不造林。他教人羡慕奢华，看不起务农。他教人分利不生利，他教农夫子弟变成了书呆子。"① 因此大声呼吁教育要结合生活实际，反对脱离生产生活实际的教育。

陶行知先生还提出："创造的教育就是以生活为教育，就是生活中才可求得教育。教育是从生活中得来的，虽然书也是求知之一种工具，但生活中随处是工具，都是教育。况且一个人有整个的生活，才可得整个的教育。"② 他认为劳动教育的途径离不开生活，好的劳动教育要贴近生活，学生要参与生活劳动，使用劳动工具，进而能制造工具。"教育是什么？教育是教人发明工具，制造工具，运用工具。生活教育教人发明生活工具，制造生活工具，运用生活工具。"③

（3）黄炎培的劳动教育观。

黄炎培是中国近现代著名的爱国主义者和民主主义教育家，是我国近代职业教育的创始人和理论家。他以毕生精力奉献于中国的职业教育事业，为改革脱离社会生活和生产的传统教育，建设中国的职业教育，做出重要贡献。

黄炎培先生认为："劳工神圣，是吾人良心的主张。"④ 他认为劳动最光荣，劳动者才是最神圣的，肯定了劳动的价值。他提到："办职业教育，最易犯两种病。其一，学生误解了'自尊'的一个名词，于是不知不觉看轻一切作业。……除掉规定工作课程以外，不愿动手。"他强调劳动不应该被看轻，恰恰相反，劳动应该得到尊重。

黄炎培先生还提出："要使读书的动手，动手的读书，把读书和做工两下联系起来。""今科学之昌明，皆人类手与脑二者联络发达之成绩也。""故手脑二者联络训练，一方增进世界之文明，一方发展个人天赋之能力。"⑤ 手和脑的劳动不应该分成两部分看待，通过训练和相应的劳动教育将二者并为一家，可以提高人的天赋能力。

　　① 陶行知. 陶行知教育文选. 北京：教育科学出版社，1981：57.
　　② 陶行知. 陶行知全集：第2卷. 长沙：湖南教育出版社，1985：618.
　　③ 同②，77.
　　④ 黄炎培.《学生自治号》发行的旨趣// 田正平，李笑贤. 黄炎培教育论著选. 北京：人民教育出版社，2018：243.
　　⑤ 黄炎培. 我之最近感想// 周汉民. 敬业乐群：黄炎培职业教育思想读本（教师篇）. 上海：上海科学技术文献出版社，2014：93.

（4）吴玉章的劳动教育观。

吴玉章是我国杰出的无产阶级革命家、教育家、历史学家、语言文字学家，是中国人民大学第一任校长。

吴玉章先生认为："劳动是人类赖以生存和发展的永久的必需的条件，人类生活中的一切财富，整个人类历史以至人类本身，都是劳动创造出来的。"①劳动对于每个人都是十分重要的，特别是对学生来说。他认为："学生们在学校中所学的普通基础知识，是参加劳动的一种必要准备，更重要的是在劳动生产和阶级斗争的实践中学习，不断提高知识。"②

吴玉章先生认为："我们的教育事业，既然是劳动人民为实施总任务而进行的斗争的一部分，就必须贯穿着劳动教育的精神……也是我们的人民教育与剥削阶级所垄断的旧教育的根本区别之一。"③他肯定了劳动教育对于劳动者的重要意义，在他担任延安大学校长时，制定的教育方针为："本校实行教育与生产相结合，以有组织的劳动，培养学员的建设精神、劳动习惯与劳动观点。"④从中可以看出他对劳动教育的重视。

1949—1977 年劳动教育的主要政策有哪些？

新中国成立以来，党和国家非常重视劳动教育，制定了一系列与劳动教育相关的政策。

1949 年 9 月 29 日，中国人民政治协商会议第一届全体会议通过了《中国人民政治协商会议共同纲领》，其中第五章"文化教育政策"第四十二条中将"爱劳动"作为中华人民共和国全体国民的公德之一；第四十七条提出，"有计划有步骤地实行普及教育，加强中等教育和高等教育，注重技术教育，加强劳动者的业余教育"。

1950 年 8 月 2 日，政务院第 43 次政务会议讨论通过的《关于实施高等学校课程改革的决定》正式公布，其中第三条为："加强教学与实际的结合，

---

① 吴玉章. 吴玉章文集. 重庆：重庆出版社，1987：464.
② 同①，467.
③ 吴玉章. 吴玉章教育文集. 成都：四川教育出版社，1989：300.
④ 程文. 吴玉章教育思想与实践. 重庆：重庆大学出版社，1992：102.

建立高等学校与政府各业务部门及其所属的企业和机关的密切联系，将实习和参观作为教学的重要内容。"

1952年3月18日，教育部颁布《小学暂行规程（草案）》，第十八条提到："劳作在各科教学的实验、实习中和课外另定时间教学，不列入教学科目内。"

1954年4月22日，团中央印发《关于组织不能升学的高小和初中毕业生参加或准备参加劳动生产的指示》，提出："大力配合政府教育部门和学校行政，加强对学生的劳动教育，这是动员和组织高小和初中毕业生参加或准备参加劳动的首要关键。劳动教育是共产主义教育的一个重要部分。学校中进行劳动教育的目的，是要使学生懂得'劳动创造一切'的根本道理，培养自觉的社会主义劳动态度，养成认真从事劳动的习惯，懂得现在在学校中学习各种知识，正是准备为建设社会主义的国家而劳动。"

1954年6月5日，国务院发布《中央人民政府政务院关于改进和发展中学教育的指示》，提出："关于劳动教育，是要培养学生的社会主义劳动观点，将劳动看作是光荣的事业，热爱劳动，对劳动具有自觉的积极的态度；纠正轻视体力劳动、轻视工农体力劳动者的错误思想。在学校教育中，应当配合着课堂教学，适当组织学生作一些力所能及的有教育意义的体力劳动。"

1955年4月19日，中共中央批转团中央《关于组织高小和初中毕业生从事农业劳动和进行自学的报告》，"要求家居农村的不能继续升学和在城镇就业的高小和初中毕业生必须回乡参加农业生产"。

1955年9月，教育部颁发《小学教学计划及关于小学课外活动的规定》，要求小学阶段每周要有1节正式设立的手工劳动课，并提出将"生产劳动"作为"课外活动"的重要内容。

1956年3月，教育部颁发《1956—1957学年度中学授课时数表》，要求："初中三年级增设工农业基础知识课，每周2小时"。"初、高中各年级增设实习课，每周时数除初中三年级为1小时外，其他各年级均为2小时。初中进行教学工厂和试验园地两种实习，高中进行农业实习、机器学实习和电工实习。"

1956年5月，教育部颁发《关于普通学校实施基本生产技术教育的指示（草案）》，提出："我们培养出来的学生，不仅需要具有文化科学的知识，同时还要具有现代生产的基本知识。"

1958年1月27日，共青团中央印发《关于在学生中提倡勤工俭学的决定》，指出，"勤工俭学是具体实现知识分子和工农相结合、脑力劳动和体力劳动相结合的一个重要途径。并且对彻底改变旧社会遗留下来的鄙视体力劳动和劳动人民的恶习，也可以起到移风易俗的作用。""在学生中开展勤工俭学的活动，可以按照不同条件倡导和组织学生分别参加农业生产劳动，农村副业和手工业生产劳动，基本建设工地和运输业的劳动，校内外的服务性劳动，工业生产劳动。"

1958年1月31日，毛泽东主席在《工作方法六十条（草案）》中提到，"一切中等技术学校和技工学校，凡是可能的，一律试办工厂或者农场，进行生产，做到自给或者半自给。学生实行半工半读。""农村里的中小学，都要同当地的农业合作社订立合同，参加农、副业生产劳动。农村学生还应当利用假期、假日或者课余时间回到本村参加生产。""一切有土地的大中小学，应当设立附属农场；没有土地而邻近郊区的学校，可以到农业合作社参加劳动。"

1958年9月19日，《中共中央、国务院关于教育工作的指示》要求："把生产劳动列为正式课程。每个学生必须依照规定参加一定时间的劳动。""今后的方向，是学校办工厂和农场，工厂和农业合作社办学校。"

1959年5月，《国务院关于全日制学校的教学、劳动和生活安排的规定》则指出："学生参加生产劳动有三种基本形式，一种是在学校举办的农场和工厂中参加劳动，一种是学校安排的下厂下乡劳动，一种是参加社会公益劳动。"

1963年3月23日，《全日制中学暂行工作条例（草稿）》规定："要合理安排生产劳动。学生参加生产劳动，主要目的是养成劳动习惯，培养劳动观点，向工农群众学习，克服轻视体力劳动和体力劳动者的观点；同时在劳动过程中学习一定的生产知识和技能，扩大知识领域。""安排生产劳动应该照顾学生的年龄、性别和身体条件等特点，不要组织学生参加过重的、夜班的、有危险性的或其他有损健康的体力劳动，不要组织劳动竞赛。"

在此之后至1976年，国家关于劳动教育的专门政策较少，劳动教育按照总体教育方针，如火如荼地开展起来。学校办工厂，工厂办学校，勤工俭学、半工半读、边学习、边劳动、劳动人民知识化、知识分子劳动化等广泛存在。

总体而言，这一时期党和国家关于劳动教育的政策方针注重劳动思想上的教育，倡导将教育与生产劳动相结合。

1949—1977年劳动教育的主要形式有哪些？

1949—1977年，劳动教育的主要形式有阶段性的变化，大致可以划分为三个阶段：

（1）1949—1956年的劳动教育形式。

新中国成立初期，一方面借鉴苏联的劳动教育经验，另一方面结合自身发展需要，在教育计划中加入"教学与生产""教育与劳动"的相关内容。

1955年，教育部颁发《小学教学计划及关于小学课外活动的规定》，规定小学一至六年级增设手工劳动课。在手工劳动课上开展的劳动教育形式以获得一些基本的生产知识，学会使用一些简单的生产工具为主，利用各种易加工的材料，如纸、布、黏土、木料、软铁片、铁丝等，制作自然、地理、语文、算术等科教具，以及体育、游戏的用具和玩具；利用学校园地、盆台栽培花木、作物等。按照工种分为纸工、泥工、编织工、竹木工等。

1955年，教育部发布的《关于初中和高小毕业生从事生产劳动的宣传教育工作报告》指出，过去一年，很多学校采取参观工厂、农场、农业生产合作社，访问劳动模范，请劳动英雄作报告，和劳动青年联欢，阅读有劳动教育意义的读物，参加体力劳动活动等方式在课外对学生进行劳动教育，收到了很好的效果。但是通过课堂教学经常进行劳动教育就做得较差。今后，除应注意课外的劳动教育外，必须学会在课堂教学中贯彻劳动教育，并且还要善于使两者结合起来进行。再有，一般学校进行劳动教育，都着重在思想方面，这当然是很重要的；但是对工农业生产的基础知识的教育是缺乏的。今后进行劳动教育，除注意培养劳动观点和劳动习惯外，还应注意进行综合技术教育，使学生从理论上和实践上懂得一些工农业生产的基础知识。由此可以看出，在这个时期，初中和高小的劳动教育形式比较丰富，但基本都是在课堂之外开展的，如参观工厂、向劳动先进者学习、参加课外的体力劳动，缺乏劳动基础知识的学习和劳动意识的培养。

（2）1957—1966年的劳动教育形式。

1957年，时任国家副主席的刘少奇在调查"中小学生升学难问题"时发现，家庭由于经济困难，无法供子女上学，于是提出"勤工俭学"的想法。勤工俭学成为劳动教育形式之一，家庭贫困的孩子可以一边读书一边用劳动换取学费和生活费。

1958年，时任教育部部长的陆定一在《教育必须与生产劳动相结合》中提出"教育与生产劳动相结合"的观点，倡导各类型学校根据自身的情况开展不同形式的劳动，在保证正常学习文化知识的同时进行劳动教育。技术技工类学校开办工厂，学生在学校中半工半读；农业类学校开办农场，学生进入农场参与生产劳动；城市里的中小学校与就近的工厂作坊合作，学生进入工厂作坊劳动学习；农村中小学校的学生回自己的村子参加劳动。

（3）1967—1977年的劳动教育形式。

毛主席号召知识青年到农村去，接受贫下中农的再教育之后，大量的城市知识青年离开城市，到农村定居并参加劳动，即"插队落户"，目标是消灭"三大差别"，即工农差别、城乡差别、体力劳动与脑力劳动差别。大城市知识青年主要去北大荒和各地生产建设兵团，县城知识青年去附近农村插队落户，接受贫下中农再教育。这个时期的劳动教育中，学校的作用基本消失，劳动教育转移到广大农村。为响应党和国家的号召，一部分知青甚至放弃了升学、就业的机会，"插队"从事农村和边疆建设。他们在建设农村和边疆的事业中扮演了开拓者的角色，比如全国闻名的回乡知青徐建春、吕根泽，城市下乡知青王培珍、邢燕子，还有在改造低产田等方面做出显著贡献的江西知青宋喜明，"自己找艰苦的路走"的天津知青赵耘，放弃留京、主动下乡的北京知青侯隽等，他们是知青的优秀代表，作为劳动教育的学习榜样，影响更多的知识青年投身农村和边疆建设。这一时期的劳动教育偏重于体力劳动，带有一定的政治色彩。

1978—2011年劳动教育的主要政策有哪些？

改革开放以前，劳动教育政策侧重于思想改造和体力劳动。1978年改革开放以后，中华大地发生翻天覆地的变化，劳动教育迎来了新的发展阶段。

1981年6月27—29日，党的十一届六中全会一致通过了《关于建国以来党的若干历史问题的决议》，其中提到："坚持德智体全面发展、又红又专、知识分子与工人农民相结合、脑力劳动与体力劳动相结合的教育方针。"

1982年10月19日，教育部向各省、市、自治区教育厅（局）和国务院有关部委教育司（局）颁发《关于普通中学开设劳动技术教育课的试行意见》，明确提出："劳动技术教育是中学教育不可缺少的组成部分。开设劳动技术教育课的目的，在于培养德、智、体全面发展的一代新人。通过劳动技术教育课，培养学生的劳动观点，形成劳动习惯，同时，使学生初步学会一些基本生产技术知识和劳动技能，既能动脑，又能动手，为毕业后升学和就业打下一些基础。因此，开设劳动技术教育课是全面贯彻党的教育方针、完成中学双重任务的需要，是社会主义现代化建设的需要，对于提高教育质量，建设社会主义物质文明和精神文明，逐步缩小以至将来消灭脑力劳动和体力劳动的差别，具有十分重要的、深远的意义。"

1985年5月27日，《中共中央关于教育体制改革的决定》中提出："要造就数以亿计的工业、农业、商业等各行各业有文化、懂技术、业务熟练的劳动者。"

1992年3月14日，教育部发布《中华人民共和国义务教育法实施细则》，在第四章"教育教学"第十九条中提到："实施义务教育必须贯彻国家的教育方针，坚持社会主义方向，实行教育与生产劳动相结合，对学生进行德育、智育、体育、美育和劳动教育。"第二十三条中提到："实施义务教育的学校可根据城乡经济、社会发展和学生自身发展的实际情况，有计划地对学生进行职业指导教育和职业预备教育或者劳动技艺教育。"

1993年2月13日，中共中央、国务院印发《中国教育改革和发展纲要》，其中（27）项提出："教育改革和发展的根本目的是提高民族素质，多出人才，出好人才。各级各类学校要认真贯彻'教育必须为社会主义现代化建设服务，必须与生产劳动相结合，培养德、智、体全面发展的建设者和接班人'的方针，努力使教育质量在90年代上一个新台阶。"（36）项提出："加强劳动观点和劳动技能的教育，是实现学校培养目标的重要途径和内容。各级各类学校都要把劳动教育列入教学计划，逐步做到制度化、系列化。社会各方面要积极为学校进行劳动教育提供场所和条件。"①

2000年1月31日，教育部印发《全日制普通高级中学课程计划（试验修订稿）》，其中指出："普通高中教育要进一步提高学生的思想道德、文化科学、劳动技能、审美情趣和身体心理素质，培养学生创新精神、实践能力、终身学习的能力和适应社会生活的能力，促进学生个性的健康发展，为高等学校和社会各行各业输送素质良好的普通高中毕业生。"针对这一培养目标，强调"具有与社会生活相适应的职业意识、创业精神和一定的择业能力，形成一定的劳动技能和现代生活技能，能够对自己的生活和发展做出恰当的选择"。在课程设置上，高一、高二年级每学年"社会实践和劳动技术教育2周"；高三年级每学年"社会实践和劳动技术教育2周"。

2001年5月29日，国务院发布《关于基础教育改革与发展的决定》，在"确立基础教育在社会主义现代化建设中的战略地位，坚持基础教育优先发展"中提出，"高举邓小平理论伟大旗帜，以邓小平同志'教育要面向现代化，面向世界，面向未来'和江泽民同志'三个代表'的重要思想为指导，坚持教育必须为社会主义现代化建设服务，为人民服务，必须与生产劳动和社会实践相结合，培养德智体美等全面发展的社会主义事业建设者和接班人"。在"深化教育教学改革，扎实推进素质教育"中提出，"加强劳动教育，积极组织中小学生参加力所能及的社会公益劳动，培养学生热爱劳动、热爱劳动人民的情感，掌握一定的劳动技能"。

2001年6月8日，教育部印发《基础教育课程改革纲要（试行）》，在"课程结构"中要求："从小学至高中设置综合实践活动并作为必修课程，其内容主要包括：信息技术教育、研究性学习、社区服务与社会实践以及劳动与技术教育。"

2010年5月5日，时任国务院总理温家宝主持召开国务院常务会议，审议并通过《国家中长期教育改革和发展规划纲要（2010-2020年）》，在"指导思想"中提到，"全面贯彻党的教育方针，坚持教育为社会主义现代化建设服务，为人民服务，与生产劳动和社会实践相结合，培养德智体美全面发展的社会主义建设者和接班人"。在第十一章"人才培养体制改革"中提出，

① 中国教育改革和发展纲要.（1993-02-13）[2021-06-27]. http://www.moe.gov.cn/jyb_sjzl/moe_177/tnull_2484.html.

"注重知行统一。坚持教育教学与生产劳动、社会实践相结合。开发实践课程和活动课程，增强学生科学实验、生产实习和技能实训的成效。充分利用社会教育资源，开展各种课外及校外活动。加强中小学校外活动场所建设。加强学生社团组织指导，鼓励学生积极参与志愿服务和公益事业"。

1978—2011 年劳动教育的主要形式有哪些？

1978—2011 年，我国劳动教育的主要形式表现出一定差异：

（1）1978—1999 年的劳动教育形式。

1978 年，邓小平在全国教育工作会议上提出，"为了培养社会主义建设需要的合格的人才，我们必须认真研究在新的条件下，如何更好地贯彻教育与生产劳动相结合的方针"。经过各领域的拨乱反正，劳动教育渐渐从农场工厂回归到校园。

1981 年，党的十一届六中全会一致通过了《关于建国以来党的若干历史问题的决议》，提出"坚持德智体全面发展、又红又专、知识分子与工人农民相结合、脑力劳动与体力劳动相结合的教育方针"，这在一定程度上肯定了脑力劳动，劳动教育开始将体力劳动和脑力劳动结合起来。

1981 年，教育部颁发《〈关于制订全日制六年制重点中学教学计划（试行草案）〉的几点说明》，首次提出"中学阶段开设劳动技术课，进行劳动技术教育，使学生既能动脑，又能动手，手脑并用，全面发展"。中学劳动技术教育课，初中每学年 2 周，每天按 4 课时安排，三年共计 144 课时；高中每学年 4 周，每天按 6 课时安排。对劳动技术教育的成绩考核提出明确要求：每个学生都应该写劳动小结，学校应建立劳动档案。学年末要根据学生的劳动态度、劳动纪律及其掌握知识和技能的情况评定成绩。成绩可分为优、良、及格、不及格四等，计入学生成绩册。劳动态度和表现应作为学生操行评语的重要内容之一。劳动态度和表现不好的学生不能评选为三好学生。学生参加劳动和社会实践的时间应纳入教学计划中，要不断制度化、规范化。思想教育与技术教育相结合。

劳动技术课的形式包括：城市中学各年级可结合有关课程的教学，开设植物栽培（花草、果树、蔬菜、菌藻、药用植物的栽培管理）、动物饲养（家禽家畜、实验动物、观赏动物等的饲养管理）、木工（锯、刨、凿等基本技术）、金工（车、钳等）、电工（简单照明线路安装）、无线电技术、烹饪、缝纫、编织等劳动技术项目，使学生了解基本生产原理和工艺过程，初步学会使用一定的劳动工具。农村中学一般以农业生产技术教育为主，如土壤、肥料、育种、作物及果树栽培，家禽家畜饲养等。有条件的，也可以进行一些为农村生产、生活服务的工业或服务性劳动技术教育，如农用机械维修、电机维修、电工、木工、泥瓦工、手工艺劳动、缝纫等。

（2）2000—2011 年的劳动教育形式。

2001 年 6 月 8 日，教育部印发《基础教育课程改革纲要（试行）》，要求"增进学校与社会的密切联系，培养学生的社会责任感。在课程的实施过程中，加强信息技术教育，培养学生利用信息技术的意识和能力。了解必要的通用技术和职业分工，形成初步技术能力"。其中劳动教育的形式包括：对学生进行劳动观念和一般劳动技术能力的教育，进行现代职业意识、职业技能的培养和就业选择的指导；学校传统活动如军训、社会生产劳动、参观、社会公益活动等内容；社区服务包括拥军优属、敬老服务、帮贫扶困、环境保护、主题宣传、科普活动、定向服务以及维持交通秩序、支援农忙、扫盲辅导等其他志愿活动。

2012 年以来劳动教育的政策和理念有哪些?

2012 年以来，我国经济社会发展取得了举世瞩目的成就，但仍面临诸多挑战。在一系列政策文件的推动下，劳动教育不断深化，持续加强。

2013 年 6 月 3 日，教育部发布《关于推进中小学教育质量综合评价改革的意见》，"中小学教育质量综合评价指标框架（试行）"中"行为习惯"指标的考察要点为"学生在文明礼貌、勤俭节约、热爱劳动、爱护环境等方面的认知和表现情况"。

2013 年 8 月 31 日，教育部发布《中共教育部党组关于在全国各级各类学校深入开展"爱学习、爱劳动、爱祖国"教育的意见》，要求各级各类学校深入开展"三爱"教育,将"三爱"教育纳入课堂教学中,广泛组织开展"三爱"主题宣讲活动,以"三爱"教育引领校园文化,把"三爱"教育贯穿于社会实践活动中,与入学教育相结合,并在不断优化教育评价标准中体现"三爱"教育的要求,深入开展"三爱"教育专题研究,加强组织领导,营造"三爱"教育的良好氛围。

2015年7月20日,教育部联合共青团中央、全国少工委印发了《关于加强中小学劳动教育的意见》(以下简称《意见》),其中提到:"劳动教育是全面贯彻党的教育方针的基本要求,是实施素质教育的重要内容,是培育和践行社会主义核心价值观的有效途径。近年来,一些地方在劳动教育方面积极探索,取得了一定成绩。但是,总体上劳动教育存在诸多薄弱环节和问题,劳动教育在学校中被弱化,在家庭中被软化,在社会中被淡化,中小学生劳动机会减少、劳动意识缺乏,出现了一些学生轻视劳动、不会劳动、不珍惜劳动成果的现象。当前,我国正处在全面建成小康社会的关键阶段,切实加强劳动教育,培养学生劳动兴趣、磨练学生意志品质、激发学生的创造力、促进学生身心健康和全面发展,对于推进教育现代化、实现'两个一百年'奋斗目标和中华民族伟大复兴的中国梦具有重要的现实意义。"为加强新时期中小学劳动教育,《意见》提出"明确劳动教育的主要目标""坚持劳动教育的基本原则""抓好劳动教育的关键环节""完善劳动教育的保障机制"等要求。

2015年12月27日,第十二届全国人民代表大会常务委员会第十八次会议通过《全国人民代表大会常务委员会关于修改〈中华人民共和国教育法〉的决定》,将第五条修改为:"教育必须为社会主义现代化建设服务、为人民服务,必须与生产劳动和社会实践相结合,培养德、智、体、美等方面全面发展的社会主义建设者和接班人。"

2017年9月24日,中共中央办公厅、国务院办公厅印发《关于深化教育体制机制改革的意见》,指出:"要完善提高职业教育质量的体制机制。强调要健全德技并修、工学结合的育人机制。坚持以就业为导向,着力培养学生的工匠精神、职业道德、职业技能和就业创业能力。""明确企事业单位承担学生社会实践和实习实训的职责义务和鼓励政策。"

2017年9月27日,教育部发布《中小学综合实践活动课程指导纲要》,在"初中阶段具体目标"中提到:"通过职业体验活动,发展兴趣专长,形成积极的劳动观念和态度，具有初步的生涯规划意识和能力。""观察周围的生活环境，围绕家庭、学校、社区的需要开展服务活动，增强服务意识，养成独立的生活习惯；愿意参与学校服务活动，增强服务学校的行动能力；初步形成探究社区问题的意识，愿意参与社区服务。"在"高中阶段具体目标"中提到："关心他人、社区和社会发展，能持续地参与社区服务与社会实践活动，关注社区及社会存在的主要问题，热心参与志愿者活动和公益活动，增强社会责任意识和法治观念，形成主动服务他人、服务社会的情怀，理解并践行社会公德，提高社会服务能力。"

2018年9月10日，在全国教育大会上，习近平总书记指出："要努力构建德智体美劳全面培养的教育体系，形成更高水平的人才培养体系。""要在学生中弘扬劳动精神，教育引导学生崇尚劳动、尊重劳动，懂得劳动最光荣、劳动最崇高、劳动最伟大、劳动最美丽的道理，长大后能够辛勤劳动、诚实劳动、创造性劳动。"

2020年3月20日，中共中央、国务院印发的《关于全面加强新时代大中小学劳动教育的意见》中提到："劳动教育是中国特色社会主义教育制度的重要内容，直接决定社会主义建设者和接班人的劳动精神面貌、劳动价值取向和劳动技能水平。长期以来，各地区和学校坚持教育与生产劳动相结合，在实践育人方面取得了一定成效。同时也要看到，近年来一些青少年中出现了不珍惜劳动成果、不想劳动、不会劳动的现象，劳动的独特育人价值在一定程度上被忽视，劳动教育正被淡化、弱化。对此，全党全社会必须高度重视，采取有效措施切实加强劳动教育。"

2020年6月24日，共青团中央、全国少工委发布《关于加强新时代学生团员、少先队员劳动教育的工作指引》，其中指出：培养社会主义建设者和接班人是共青团、少先队的根本任务。各级共青团、少先队要把准定位、积极作为，主动对接和融入学校劳动教育整体格局，重点面向学生团员、少先队员开展相关工作；要将劳动教育作为实践育人的重要领域，注重发挥团、队教育路径和优势，创新形式，务求实效；要把劳动实践作为彰显队员、团员光荣感和团员先进性的重要载体，引领带动学生广泛参加劳动，着力提升团的组织力、引领力、服务力和大局贡献度。

2020年7月7日，教育部印发《大中小学劳动教育指导纲要（试行）》，指出:"当前实施劳动教育的重点是在系统的文化知识学习之外,有目的、有计划地组织学生参加日常生活劳动、生产劳动和服务性劳动,让学生动手实践、出力流汗,接受锻炼、磨炼意志,培养学生正确劳动价值观和良好劳动品质。"

2020 年 7 月 14 日,中华全国总工会发布《关于在全面加强新时代劳动教育中充分发挥工会组织作用的指导意见》,提出要发挥工会组织宣传引导优势,推动形成重视和支持劳动教育的浓厚社会氛围。包括深化"中国梦·劳动美"主题宣传教育,加强对劳动教育理念的宣传普及,引导广大职工在家庭劳动教育中发挥作用,加大劳模和工匠人才等先进群体的宣传力度。

2021 年 4 月 29 日,第十三届全国人民代表大会常务委员会第二十八次会议通过《全国人民代表大会常务委员会关于修改〈中华人民共和国教育法〉的决定》。将第五条修改为:"教育必须为社会主义现代化建设服务、为人民服务,必须与生产劳动和社会实践相结合,培养德智体美劳全面发展的社会主义建设者和接班人。"最新修改的教育法自 2021 年 4 月 30 日起施行。

2012 年以来劳动教育的形式和特点有哪些?

2015 年,教育部联合共青团中央、全国少工委印发《关于加强中小学劳动教育的意见》,指出劳动教育主要通过三方面来开展,即校内劳动、校外劳动、家务劳动。

开展校内劳动:要在学校日常运行中渗透劳动教育,积极组织学生参与校园卫生保洁和绿化美化,普及校园种植。开辟专门区域种植花草树木或农作物,让班级、学生认领绿植或"责任田",予以精心呵护,有条件的学校可适当开展养殖。大力开展与劳动有关的兴趣小组、社团、俱乐部活动,进行手工制作、电器维修、班务整理、室内装饰、勤工俭学等实践活动。广泛组织以劳动教育为主题的班团队会、劳模报告会、手工劳技展演,提高学生劳动意识。

组织校外劳动:要将校外劳动纳入学校的教育工作计划,小学、初中、高中每个学段都要安排一定时间的农业生产、工业体验、商业和服务业实习等劳动实践。充分利用劳动教育实践基地、综合实践基地和其他社会资源,结合研学旅行、团日队日活动和社会实践活动，加强城乡学生交流，组织学生学工学农。城镇学校可结合实际情况组织学生参加公益劳动与志愿服务，农村学校可结合实际情况在农忙时节组织学生帮助家长进行适当的农业生产劳动。

鼓励家务劳动：教育学生自己事情自己做，家里事情帮着做，弘扬优良家风，参与孝亲、敬老、爱幼等方面的劳动。学校应安排适量的劳动家庭作业，针对学生的年龄特点和个性差异布置洗碗、洗衣、扫地、整理等力所能及的家务。要密切家校联系，转变家长对孩子参与劳动的观念，使他们懂得劳动在孩子学习、生活和未来长远发展中的积极意义和作用，让家长成为孩子家务劳动的指导者和协助者，形成劳动教育合力。

2020年中共中央、国务院发布《关于全面加强新时代大中小学劳动教育的意见》，教育部发布《大中小学劳动教育指导纲要（试行）》，两者均要求，劳动教育的开展形式应随年龄阶段的递增而改变。

小学低年级：完成个人物品整理、清洗，进行简单的家庭清扫和垃圾分类等，树立自己的事情自己做的意识，提高生活自理能力；参与适当的班级集体劳动，主动维护教室内外环境卫生等，培养集体荣誉感；进行简单手工制作，照顾身边的动植物，关爱生命，热爱自然。

小学中高年级：参与家居清洁、收纳整理，制作简单的家常餐等，每年学会1～2项生活技能，增强生活自理能力和勤俭节约意识，培养家庭责任感；参加校园卫生保洁、垃圾分类处理、绿化美化等，适当参加社区环保、公共卫生等力所能及的公益劳动，增强公共服务意识；初步体验种植、养殖、手工制作等简单的生产劳动，初步学会与他人合作劳动，懂得生活用品、食品来之不易，珍惜劳动成果。

初中：承担一定的家庭日常清洁、烹饪、家居美化等劳动，进一步培养生活自理能力和习惯，增强家庭责任意识；定期开展校园包干区域保洁和美化，以及助残、敬老、扶弱等服务性劳动，初步形成对学校、社区负责任的态度和社会公德意识；适当体验包括金工、木工、电工、陶艺、布艺等项目在内的劳动及传统工艺制作过程，尝试家用器具、家具、电器的简单修理，参与种植、养殖等生产活动，学习相关技术，获得初步的职业体验，形成初步的生涯规划意识。

普通高中：持续开展日常生活劳动，增强生活自理能力，固化良好劳动习惯；选择服务性岗位，经历真实的岗位工作过程，获得真切的职业体验，培养职业兴趣；积极参加大型赛事、社区建设、环境保护等公益活动、志愿服务，强化社会责任意识和奉献精神；统筹劳动教育与通用技术课程相关内容，从工业、农业、现代服务业以及中华优秀传统文化特色项目中，自主选择1～2项生产劳动，经历完整的实践过程，提高创意物化能力，养成吃苦耐劳、精益求精的品质，增强生涯规划的意识和能力。

职业院校：持续开展日常生活劳动，自我管理生活，提高劳动自立自强的意识和能力；定期开展校内外公益服务性劳动，做好校园环境秩序维护，运用专业技能为社会、为他人提供相关公益服务，培育社会公德，厚植爱国爱民的情怀；依托实习实训，参与真实的生产劳动和服务性劳动，增强职业认同感和劳动自豪感，提升创意物化能力，培育不断探索、精益求精、追求卓越的工匠精神和爱岗敬业的劳动态度。

普通高等学校：掌握通用劳动科学知识，深刻理解马克思主义劳动观和社会主义劳动关系，树立正确的择业就业创业观，具有到艰苦地区和行业工作的奋斗精神；巩固良好日常生活劳动习惯，自觉做好宿舍卫生保洁，独立处理个人生活事务，积极参加勤工助学活动，提高劳动自立自强能力；强化服务性劳动，自觉参与教室、食堂、校园场所的卫生保洁、绿化美化和管理服务等，结合"三支一扶"、大学生志愿服务西部计划、"青年红色筑梦之旅"、"三下乡"等社会实践活动开展服务性劳动，强化公共服务意识和面对重大疫情、灾害等危机主动作为的奉献精神；重视生产劳动锻炼，积极参加实习实训、专业服务和创新创业活动，重视新知识、新技术、新工艺、新方法的运用，提高在生产实践中发现问题和创造性解决问题的能力，在动手实践的过程中创造有价值的物化劳动成果。

相比于之前的劳动教育内容，2012年之后的劳动教育更注重服务型劳动教育和劳动意识的培养。通过小中高不同阶段多样化的劳动形式，让学生从小就树立正确的劳动价值观，通过在劳动中付出辛劳和汗水，体会劳动的艰辛，从而形成"劳动最光荣、劳动最崇高、劳动最伟大、劳动最美丽"的理念。与此同时，在不同阶段的劳动实践中加入不同的服务活动，组织学生走出校门走进社会，参加各类公益服务和实践活动，共同培养学生的劳动精神、奉献精神和服务精神。

第三篇

国外劳动教育

美国劳动教育的内容和形式是什么样的?

美国的劳动教育由来已久，不仅体现在学校教育中，还与家庭和社区结合在一起。

20世纪70年代，美国的就业市场萎靡不振，学校培养出的人才无法满足社会的需求，甚至无法在社会上立足。面对这一现状，美国进行了一系列教育改革，提出"生计教育"（career education），以解决学校教育与生活实际相脱节的问题。生计教育包括三个方面：第一，生计教育课程应面向所有的学生，而不是仅仅针对某些学生；第二，生计教育是一种持续性教育，包括自儿童早期直至中学后整个人生的历程；第三，凡中学毕业的学生，包括中途退学者，都将掌握谋生的各种技能，以维持其个人或家庭生活的需要。①

生计教育一经提出，便在社会上得到广泛认同，并通过立法、拨款等方式得到有效实施，劳动教育有了法律的保障。生计教育主张教育与劳动生产相结合，培养学生必须掌握的谋生技能。

生计教育广泛运用在学校内，将中小学教育分为三个阶段：第一阶段是1～6年级，可以看成是职业了解阶段。第二阶段是7～10年级，属于职业探索阶段。在这一阶段，学校的任务是使学生通过职业探索来熟悉职业的分类和"职业群"，并尝试从不同的"职业群"中做出自己的选择。9～10年级的学生需要对他们之前选定的职业做深入的研究，包括参观访问劳动现场，

---

① 王恩发. 教育面向劳动世界：美国生计教育及其给我们的启示. 国际观察，1993（5）：38-42.

并进行实际劳动操作，从中吸取经验与教训。第三阶段是 10～12 年级，这是至关重要的一个阶段。在此期间，学生需要对上一个阶段所选择的职业进行更深入的探索，并确定未来发展的方向。开设的课程是为了让学生了解社会各行各业。学生根据自己的兴趣爱好，通过课程学习一两种职业技能，锻炼劳动技能。学生在中学毕业后，若不继续升学，可以自由选择职业。①

12 年级是一道分水岭，在此之后，一部分学生进入社区学院学习，接受系统的职业教育，毕业后从事技术性工作；另一部分学生则进入大学继续深造，开始学术生涯或者进一步的职业技术训练。无论是哪一种选择，生计教育都在中小学的教育阶段发挥重要作用，是学生继续学习和就业的坚实基础。

美国的大学教育中也有劳动教育，主要体现在通识教育中。以哈佛大学为例，该校鼓励通识课教师借助项目设计、实地参观等多元化教学形式，让学生参与教学过程，将理论与实践相结合。学生通过具体实践，能更深刻地掌握所学内容。通识课应帮助学生将学习的知识用于解决具体问题、完成实际任务，并为学生提供课外体验，比如参观博物馆、制作短片、社区调研等。"科学与烹饪"课程直接在实验室和厨房开展，学生可以"探索他们所选择的烹饪主题的科学性，学习科学家的实验技能。偶尔还有 15～30 分钟时间与特邀的高级厨师进行问答"②。

20 世纪 80 年代初，美国的基础教育质量出现严重滑坡，生计教育受到了批评。1983 年之后，美国基础教育进行了改革，再次重视数学、科学、历史等学术性课程，但为就业做准备的理念被保存下来并一直延续至今。美国综合中学普遍设有一些劳动教育类课程供学生选修，常见的有家政、手工、烹饪、木工、园艺等。随着科技的发展，出现计算机技术、文字信息处理、商业资料分析、电子报表等新型课程。

美国家庭和社区也注重孩子的劳动教育，在日常生活中注重培养孩子的劳动习惯和劳动精神。在家里，要求孩子自己整理内务，帮助父母分担家务等。在社区，最为突出的是志愿服务，它渗透在美国人生活的方方面面，是

① 鲁春秀. 劳动教育的美国模式. 上海教育，2020（8）：21-23.

② Harvard University Faculty of Science and Art. Report of the Task Force on General Education（2007）[EB-OL]. https://projects.iq.harvard.edu/files/gened/files/genedtaskforcereport.pdf?m=1448033208.

美国人不可缺少的生活方式。这一生活方式与美国人从小就接受志愿劳动教育密不可分。各个社区和家庭都会因地制宜地组织开展社区志愿服务活动。例如，为弱势群体捐赠生活物品、为残疾儿童制作圣诞卡等。

总的来说，美国的劳动教育是从学校、家庭和社区三个方面进行的，学生在学习劳动技能、了解职业差异的同时，可以增强社会责任感和社会服务意识。

美国劳动教育的特征与启示有哪些？

美国的学校不单独开设劳动教育课程，劳动教育分散在学校的各类课程和活动，以及家庭和社区的活动中。

服务学习是美国劳动教育的重要特色。服务学习从 20 世纪 60 年代在美国兴起，1990 年美国首次在法律上明确了服务学习的地位。1993 年的《国家与国家服务信托法》要求联邦政府对开展服务学习给予资金支持，鼓励政府、学校和民间组织积极探索新的合作方式，建立合作平台，让社会与学校和学生重新联系起来。[①]

关于服务学习主要有三点共识：第一，学校要发挥积极作用，鼓励学生参与社区服务，并对学生服务给予认可；第二，学校、民间组织、联邦和州政府必须提供机会和专项资金，支持学生参与服务学习；第三，教师必须与学生一起参与服务学习的规划和实施过程。服务活动不仅在中学开展，还在大学广泛开展。大学会利用假期，组织学生去校外考察，实地体验。学生需要与被服务者近距离接触，与社区一起解决急需处理的问题，例如失业人员问题、环境问题等。在美国，法律成为劳动教育开展的最有力支撑，通过立法不仅使劳动教育的地位得到巩固，也极大地推动了劳动教育的发展。

美国劳动教育的特点有两个：一是内容与形式上重视因地制宜、因时制宜；二是注重与实践相结合，学校、家庭和社区都在进行劳动教育，各方面协同发展。例如，志愿服务就是学校、家庭和社会协同发展的实例。如果一个孩子有服务精神并做得很好，学校通常会给他颁发"好公民"奖。各地学

---

① 谷贤林. 美国学校如何开展劳动教育. 人民教育，2018（21）：77-80.

校都会因地制宜地开展社区志愿服务活动，联邦政府设有公民成就奖励项目。

美国劳动教育对我国的启示有三方面：

首先，要注重劳动教育的学段差异，分学段落实，使劳动教育成为教育体系、课程体系和活动体系的一部分，全面融入育人过程。

其次，注重家庭劳动教育。第一，做到目标明确。美国家庭通常明确让孩子承担家务，目的就是让孩子通过简单的家务劳动，学会一些实用的生活技能，具有动手能力，从小培养孩子勤劳的美德、家庭责任感和独立自主的能力。第二，在不同年龄段，孩子的劳动能力存在差异，所以要有针对性地开展劳动教育。要根据孩子自身的能力分配任务，既要避免分配给孩子超出其能力范围的家务劳动，也不能一味地简单重复，应有针对性地实施劳动教育，帮助孩子建立自信心，形成积极的心态。第三，家长在引导孩子进行家务劳动时，应该给予耐心和鼓励，孩子完成劳动后给予一定的赞许或激励，比如一个拥抱、一份小礼物。给孩子提供正向的反馈，能更好地激发孩子的劳动热情。[1]

最后，在社区方面，家长应鼓励孩子走出家庭去做志愿劳动。可以先与家人一起在社区做简单的服务工作，随着年龄的增长，可以做一些力所能及的工作，比如清洁工作、照顾孤寡老人等。在这些志愿服务当中，孩子不仅能够体会到助人为乐、服务社会的幸福感，还能培养社会责任感。

德国劳动教育的内容和形式是什么样的？

德国的双元制职业教育闻名全世界，其劳动教育同样闻名遐迩。德国开设了专门的劳动教育课程，经过不断发展形成完备的学科体系。

劳动教育在德国有很长的历史。早在 18 世纪，德国人就开始思考关于劳动教育的理论与实践。20 世纪初，工业、制造业急需学校为社会培养大量专业技术人才，以增强国家的整体实力，德国开始在各级教育中引入劳动教育。德国教育家凯兴斯泰纳于 1905 年提出"劳作学校"的概念，核心思想是促进学生精神的发展、道德的适应力和工作本领，强调把劳动职业技能和公民精

---

① 鲁春秀. 劳动教育的美国模式. 上海教育，2020（8）：21-23.

神的道德教化合二为一。这一思想与瑞士裴斯泰洛奇、美国杜威的思想有相通之处。

德国是联邦制国家,《德意志联邦共和国基本法》规定,各联邦州拥有自己的宪法和独立的主权。在教育方面,各联邦州享有自主管理本州教育和文化事务的权力,因此德国的劳动教育课程设置较为复杂,各州劳动教育课程的内容设置和教学目标大致相同,但在课程命名、授课对象、开展方式和要求方面存在一些区别。

德国的学校教育体系与其他国家不同。德国小学的学制一般为4年,小学毕业后学生根据成绩和志愿进入不同种类的中学:主体中学(即职业预校)、实科中学、文理中学(即普通高中),以及综合中学。主体中学和实科中学以职业教育为主;实科中学毕业生可以选择进入高等职业院校,或者选择进入文理高中后升入大学;综合中学是主体中学、实科中学和文理中学综合在一起的中学,承担着各类中学的教育使命。①

劳动教育是大多数德国中小学的必修课。德国开设的劳动教育课程一般被称为"常识课"。这门课程涉及不同领域学科的基础知识,不局限于简单的劳动。开设常识课的目的是帮助学生初步了解自然、人类社会生活,掌握基本的生活常识与技能,培养学生对自然环境、日常生活和科学技术的兴趣。小学阶段的常识课作为劳动教育的一部分,设有不同类型的活动课程,不仅能培养学生的动手能力,促进手与脑的协调统一,还能培养学生正确的劳动观念。

德国大多数联邦州的实科中学、主体中学和综合中学都开设有劳动课程,涉及家政、技术、经济、职业模块。一般是从7年级到10年级,每周有2～3节必修课,如果学生对劳动课程感兴趣,可以每周再增加3～4节选修课。每个联邦州会因地制宜设置各自的劳动课程大纲,虽然在课程名称与内容上略有差异,但核心内容基本是一致的,涉及家政、技术、经济、职业规划模块。

举例来说,德国巴伐利亚州的教育质量是最好的。在小学阶段,学校课程大纲要求每周安排4节常识课,2节课学习理论知识,2节课进行手工劳作。1～4年级的手工劳作内容包括编织、木工、陶器等。学生需要在劳动教室进行学习,在老师的指导和帮助下完成指定的劳动任务,如将废弃材料改

① 任平. 德国中小学如何实施劳动教育. 人民教育,2020(11):71-74.

造成一件作品，或是制作一个陶器。

手工与设计课

一些学校还设置有烹饪教室，配备齐全的厨房用具，帮助学生了解烹饪常识，掌握烹饪工具的用法和基本的烹饪方法，做好一顿饭。[①] 在中学阶段，该州的政府明确规定劳动技术教育课程在主体中学的地位，课程名称为"劳动-经济-技术课"，学习内容有商业、家政等。因为主体中学的学生通常会较早进入职业生活，所以劳动技术教育的培养目标是让学生为将来的生活和就业做准备。在巴伐利亚州的实科中学，劳动技术教育主要以两种课程形式呈现，即"手工与设计课"和"经济与职业课"。虽然文理中学毕业的学生一般继续进入大学深造，但文理中学也开设了与劳动教育相关的课程，包括政治、经济、法律等内容，为学生后续学习打下基础，让学生为融入社会做好准备。[②] 从巴伐利亚州的劳动教育课程来看，德国的劳动教育课程具有健全的体系、丰富的内容，注重以生活和职业为导向。

　　总之，德国劳动教育的目的是培养学生成为劳动者、消费者和家庭成员等，培养学生形成合理、客观的劳动职业观念与价值观，提升学生解决生活和职业现实问题的综合能力。

德国劳动教育的特征与启示有哪些？

　　德国的劳动教育具有鲜明的特征，值得我国学习借鉴。

（1）德国的劳动教育特别重视实践。

　　德国中小学的劳动教育课都在方便开展教学的场所进行，学校有各种专业的劳动专用教室，比如木加工、烹饪、缝纫的教室。除了开辟专用教室开

---

① 刘云华. 课程内容广、时间长、方式多的德国劳动教育. 上海教育，2020（8）：8-12.
② 同①.

展劳动教育外，学校还和各大型企业合作，设置独立的车间开展实习，让学生得到专业人员的指导。

（2）德国在劳动教育专业教师方面有大量投入。

德国为中小学劳动教育课程配备专职教师。为提供中小学劳动教育方面的师资，德国在高等教育阶段开设劳动教育专业。从事中小学劳动教育的教师与其他学科教师一样，都需要接受高等教育。为取得教师资格，需进行专业学习，完成本硕课程，参加学校见习，最终通过国家教师资格考试。目前德国有几十所高校开设劳动师范专业，学生在入学时除选择劳技课程作为主修，还需要选择一门课程作为辅修。劳动教育课程体系不仅包括劳动学、经济学、机械制造、信息技术等内容，还涉及生产安全、职业规划与咨询、家庭饮食与家政活动等知识，以便教师胜任学校教学任务。德国劳动教育课程的老师并不是由其他老师兼任，而是要经过专业的学习、严格的考察，这体现了德国劳动教育的专业性。[①]

（3）搭建实训基地，注重实践学习。

德国中小学与一些企业、工厂、农场等建立紧密的联系，建设了许多特色鲜明的劳动教育实训基地。实科中学每学年还会安排 2～4 次专业的校外实习，学生可以在基地进行实地考察，还有机会向专业人士学习。基地建起来后，劳动教育不再局限于课堂，学生能在真实场景中学习、操作，接受劳动教育。这一点值得我国借鉴，我国应鼓励学校与社会共建劳动教育平台。

（4）德国的劳动教育在考核方面有独到之处。

各联邦州所采用的课程考评方式并不相同，但在中学阶段有两次较为重要的考试，一次是中等学校毕业考试，在各类中学的 9 或 10 年级进行，另一次是文理中学毕业考试，在 12 或 13 年级进行。以德国巴符州为例，每门课的学年成绩和毕业考试成绩构成学生的最终学业成绩，各占 50%。劳动教育相关课程是中等学校毕业考试的一部分，不仅有笔试，占比 30%，还有针对实际操作的考试，占比 20%。在实际操作考试中，考试项目设计完整合理，既包括前期规划，也有中期实施和最终展示。[②]劳动教育课程重视理论和实践

---

① 孙进，陈囡. 德国中小学的劳动教育课程：目标·内容·考评. 比较教育研究，2020，42（7）：73-81.

② 同①.

的考核，重视课堂表现与实际操作。为了保证成绩的公平，学校会制定具体打分标准，包括在课堂上积极提问、参加问题讨论、课堂展示汇报、材料收集等。

总的来说，德国的劳动教育有专业的师资，开设了独立的课程，有具体的考核标准，体现出劳动教育的体系化。尽管德国采用双元制教育模式、中小学生有分流、各联邦州有自己的教育政策，但劳动教育体系是一贯的、相互衔接的。我们要充分学习德国重视劳动教育的理念，让学生形成正确的劳动观念、养成积极的劳动态度、获得精湛的劳动技能。

芬兰劳动教育的内容和形式是什么样的？

芬兰是世界上最早将劳动教育纳入学校教育体系并作为必修课的国家之一。芬兰的劳动教育必修课包括劳动技术课程和家政课程。

芬兰的劳动教育可以追溯到 19 世纪。从 1866 年开始，手工课成为芬兰中小学的必修课。1970 年以前，芬兰按照性别设置劳动教育课程，男生学习木加工、金属加工等，女生学习纺织、缝纫等。随着时代的发展，芬兰进行多次课程改革，从手工课根据性别分为"轻手工"和"重手工"，到将"轻手工"和"重手工"合并为一门必修课。[①]

芬兰的课程约十年修订一次，最近的一次课程改革发生在 2014 年，是在科技、文化等诸多领域出现变革的背景下进行的，旨在培养学生拥有适应未来挑战、应对新型就业方式的能力。

在义务教育阶段，手工课是必修课，该课程有 150 余年的历史。自 2014 年课程改革以来，不仅把"轻手工"和"重手工"结合起来，培养学生动手能力，更注重培养学生统筹全局、综合设计的能力。

芬兰规定 1～2 年级每周手工课的课时标准为 4 小时，3～6 年级每周 5 小时，7～9 年级每周 2 小时。在手工课的评价方面，芬兰更加注重过程性评价，采用自评和他评两种方法。值得一提的是，目前芬兰在大力发展电子档

---

① 王岩. 构建面向核心素养"五育融合"的劳动课程——以当代芬兰中小学劳技课为例. 劳动教育评论，2020（2）：69-82.

案，让学生随时记录作品制作过程和个人成长过程。

到了7～9年级，芬兰规定家政课属于必修课，每周至少1小时。事实上，早在学前阶段，儿童便要学习独立穿衣服、整理玩具等基本生活技能。7～9年级的家政课主要涉及三个方面：一是了解有关食品的知识，掌握料理食品的技能。例如，准备烘焙需要用的食材、工具，掌握烘焙技能，学会烹饪。二是学习与生活起居相关的知识和基本技能。学会合理地使用水、电等资源，形成良好的行为习惯。三是了解家庭消费和理财。学生有了解家庭消费的权利和义务，也应了解金钱与家庭生活的关系等。家政课的主要目的是让学生了解日常生活知识、拥有日常生活能力、树立正确金钱观、保持身心健康。

根据最新课程标准的要求，学校每学年要开设一门每周一课时的综合课。综合课要贴近实践、贴近社会，以问题为导向，能够反映劳动教育的特点。不同的学校可以采取不同的教学方式。有些学校将该课程与手工课结合，以学生能够完成某一作品这一结果为导向，学生在完成作品的过程中需要学习多方面的知识并运用多种劳动技能。例如，学生计划运用3D打印技术制作某一作品，在学期之初，该学生需撰写计划，确定是独立完成作品还是合作完成，随后教师帮助并指导学生完善计划，在此基础之上学生进行制作直到最终完成作品。

值得注意的是，芬兰在新课标中对编程教育提出较高要求，学生从1年级就开始学习编程。与其他国家将编程作为单独的课程不同，芬兰更倾向于将编程融入手工、数学等学科。如3～6年级的手工课，要求学生使用机器人和相关工具设计并完成手工作品；7～9年级的学生则需要通过编程来更好地设计作品等。编程的融入进一步增强了手工课的科技属性，使手工课这门历史悠久的必修课获得更强的生命力，体现出芬兰劳动教育的与时俱进的特点。

芬兰劳动教育的特征与启示有哪些？

芬兰作为世界上最早将劳动教育作为必修课纳入学校教育体系的国家，

深刻地影响着北欧国家劳动教育的发展。芬兰的劳动教育有两个显著特征：

第一，芬兰的劳动教育具有系统性和连贯性。劳动教育在芬兰有很悠久的历史，从1866年至今没有中断。从学前教育开始直至大学，劳动教育课程有整体规划，并且重视不同学习阶段之间的衔接。芬兰的劳动教育课程关注学生的身心发展，具有阶段性与连续性，从培养学生良好的劳动态度、劳动习惯开始，以生活技能以及对职业的初步认识为基础，使学生进一步了解各类职业的特点，培养职业兴趣，为未来职业选择做准备。

第二，芬兰的劳动教育是与时俱进的。面对新时代的要求，芬兰在课程改革中要求劳动教育做出相应的调整。当今芬兰的劳动教育目标可以总结为三个：①让学生学会选择并使用符合制作目标的工具和材料；②设计的产品兼具功能和审美价值；③能够正确地自评和客观评价他人的作品。可以看出，芬兰的课程改革不再满足于让学生跟着老师一步一步地操作，而是更加重视学生的独立自主性，不仅要求学生掌握作品的设计和制作方法，还要求学生兼具设计创新的能力、鉴赏与评价的能力。

芬兰的劳动教育不仅有传承，更有创新。以下三点值得我们借鉴学习。

首先，芬兰劳动教育的内容与时俱进。让传统与创新相结合，丰富劳动教育的内容和形式。劳动教育不应局限于手工制作、家政等简单的生活劳动，要将新技术融入劳动教育中，使其成为劳动教育的重点。例如，芬兰把编程融入劳动教育，让学生在手工课上设计制作3D作品，这些都是传统与创新的结合。劳动教育的内容兼具丰富性和层次性，重视与社会生活的联系。低年级和高年级的课程内容既有承接性，又有各自的侧重点。引导学生从劳动中获得乐趣，同时为未来的职业选择做好准备。

其次，芬兰劳动教育的实施途径是多方面的。学校可以充分整合校内外资源，拓展教学实施途径。在校内开设系统的劳动教育课程，在校外积极寻找平台，开展专业的教学活动，使劳动教育内容更全面，使学生全方面、多层次地接受劳动教育。

最后，19世纪芬兰的教育家斯奈尔曼将以德国为代表的"教养-教学论"引入芬兰，芬兰的教育改革一直受这一理论影响，致力于培养具有道德感的"完整的人"。"完整的人"这一目标旨在将所有学科放在同等重要的位置，实现"全面发展"的教育目的。这与我国推行的德育、智育、体育、美育和劳育"五育并举"或"五育融合"的思想遥相呼应，即在新时代要构建德智体美劳全面培养的教育体系，培养更多全面发展的人才。

日本劳动教育的内容和形式是什么样的?

日本是一个非常注重劳动教育的国家，在日本实施劳动教育的主体有三个，分别是学校、家庭与地区。

小学阶段的劳动教育，主要是让学生养成劳动的习惯，使学生了解并参与劳动。低年级阶段，每周开设多节生活科，并有专门的教科书，鼓励学生探索校园、观察动植物、独立起床穿衣、整理内务等。到了高年级，每周开设多节家庭科，主要是让学生了解与衣食住行相关的生活基础知识。教室被设置得像家一样，配有专业的用具，有专门老师指导缝纫、烹饪等生活技能的学习。除此之外，学校格外重视集体活动，培养学生在劳动中的团结精神。比如，以班级为单位划分区域打扫校园，高年级的学生带领低年级的学生制定学生会计划，组织校园活动，开展社团活动等。

中学阶段，学生在认知和体力方面都大幅提高，劳动教育有别于小学阶段。中学生的劳动教育侧重于生产劳动和志愿活动，目的是让学生对职业选择有一定的认识，具有为社会做贡献的意识。日本《学校教育法》中明确规定，学校应该以"培养学生具有社会所必需的职业的基础知识与技能，尊重劳动的态度，以及选择适应个性的就职能力"为教育任务。[1] 这条规定明确，初中阶段的劳动教育应该让学生具备未来选择职业的基础知识，掌握相关劳动技能，形成尊重劳动的态度。日本《高中学习指导要领》规定，学校开展的劳动教育要使学生体验到劳动的乐趣，培养正确的劳动职业观。[2] 值得关注的是，学校并不是盲目安排学生学习与生产劳动相关的内容，而是根据日本政府颁布的《劳动基准法》的相关条款，根据学生的年龄和体力，选择安全的劳动项目。日本政府限制学生在校内外参加以下作业：装置和修理危险的机械；过重的劳动；有剧毒、爆炸性、易燃性危险的劳动；在散发

---

[1] 桑廷洲, 倪维素. 日本的劳动教育. 外国中小学教育, 1987（5）: 47-48.
[2] 杨红军. 日本中小学家庭课的特点及启示. 劳动教育评论, 2020（3）: 117-129.

有害气体、放射性物体，以及高压高温车间劳动；其他不安全、不卫生的有害劳动。

日本中学生的劳动内容分为三大类：

第一类是清洁和美化环境的劳动。通过组织学生打扫校园，参与校园绿化等劳动，培养学生良好的卫生习惯，加深学生对校园的感情，增强集体凝聚力。

第二类是服务性劳动。日本学生的劳动服务具有历史传统，学生会在学校及学生会的组织下有计划地进行社会志愿服务。例如，到当地的福利院或养老院看望儿童和老人；打扫车站、公园等公共场所；为福利事业举行募捐活动等。通常，服务活动会在周末或节假日以小组的方式进行。

第三类是生产劳动。日本中学的生产劳动有三种：（1）通过技术家事科目进行的生产劳动，技术家事科目是日本初中生的必修科目，男生以学习工农业技术为主，女生以学习家政为主。每周至多一学时即50分钟，全年不超过35学时。技术家事科目的教学内容包括：木材加工、金属加工、机械、电气、农作物栽培、被服裁剪、烹饪、住室管理、保育等9个项目。既有生产方面的劳动，也有生活方面的劳动。技术家事科目设有专门的学习场所，可以促使学生更好地掌握技能。（2）全校参与的生产劳动。日本的初中和高中都规定了全校参与的生产劳动事项。比如多数学校有农场、果园、家禽家畜饲养场等，视学校的情况，一般每班每周劳动不超过2小时。（3）组成生产劳动小组。为了丰富学生生活，初高中每周有一小时的社团活动时间。社团有三种，包括艺术小组、体育小组和生产劳动小组。为发展兴趣爱好，每个学生必须参加一种小组的活动。小组成员不受年级限制，有老师或校外专业人员指导，生产劳动小组的种类因地而异。一般学校有陶器制作、手工艺、花卉园艺、编织、饲养动物、烹饪、缝纫、打字、珠算小组等。①

日本家庭的劳动教育主要是家务劳动，家庭是学校家政课的实践和体验场所，家务劳动可以培养孩子的职业观念和尊重劳动的价值观。日本在调查"儿童时期做家务的经历与职业意识的关系"时发现：儿童时期做家务的经历越多，职业意识就越强；在家中帮忙打扫或整理的儿童，长大后更愿意从事对社会和他人有贡献的工作；在家中帮忙倒垃圾的儿童，长大后更愿意做自

① 桑廷洲，倪维素. 日本的劳动教育. 外国中小学教育，1987（5）：47-48.

己喜欢的工作。①

地区的劳动教育主要是指地区与学校合作，提供多种多样的体验活动，比如自然体验活动、生活文化体验活动等。学生在参加地区活动的过程中，可以了解该地区的风土人情、社会资源，体验职场生活，培养职业意识。②

日本劳动教育的特征与启示有哪些？

日本劳动教育由学校、家庭和地区三方面协同开展，具有以下五个特征：

（1）以法律形式确立劳动教育的地位。

日本在多部法律中对劳动教育提出要求，例如，《教育基本法》提出教育的目标之一就是培养个人爱劳动的观念；《学校教育法》则进一步要求学生掌握有关劳动的专业知识和技能。日本的劳动教育要求学生能够主动劳动，掌握劳动的知识与技能，养成爱劳动的习惯。学生参加体力劳动时必须遵守《劳动基准法》的有关条例，学校要注重劳动安全问题，限制学生进行校内外的危险作业。

（2）学校劳动教育融入多个学科。

日本学校没有专设劳动教育课程，而是把劳动教育渗透在道德科、社会科、家政科等多个学科中。这说明日本并没有把劳动教育看成孤立的课程，而是把劳动教育与道德科、实践科结合起来。通过理论课强调正确劳动态度的重要性；通过家政等实践课锻炼劳动技能。

（3）注重学段差异。

在小学阶段注重让学生了解家庭生活需要用到的劳动知识和技能，从培养兴趣开始；在初中阶段则要求学生灵活运用劳动技术知识，通过科学实践活动，培养学生自力更生和发现解决问题的能力。在整个学习过程中，提高学生的思考能力和认知水平，独立判断和实践操作能力，以及独立解决问题的能力。

---

① 程媛媛. 儿童时期经历越多，职业意识越强！专家畅谈小家务蕴藏的成长大学问.（2020-05-06）[2021-07-02]. https://www.hosaudio.com/archives/46062.html.

② 王文静. "三驾马车"拉动日本劳动教育. 上海教育，2020（8）：17-20.

（4）注重因地制宜。

学校的情况各不相同，一般从实际情况出发安排学生的劳动内容，选择与学生能力相符的劳动项目。如果学校附近多山，则安排学生学习植树或果树的培育；如果学校离农村很近，则安排学生学习种植农作物；如果学校在城市，则与工厂合作，安排学生进行简单的工业劳动。日本不要求各校照搬典型学校的经验，这样能将每个学校师生的积极性与创造性发挥出来。

（5）注重劳动教育形式和内容的意义。

选择对人民生活有益、有教育意义的劳动，培养学生为社会服务的公德。让学生掌握劳动技能，增进对自然科目和技术科目的认识，加强对科学理论的理解。不能因为教学而妨碍一般劳动，同样也不允许因劳动影响正常教学。①

总的来说，日本的劳动教育渗透在学校、家庭和社会各方面，并不局限于单一的学科。劳动体验是多样化的，生活科侧重让学生用语言、动作、绘画和演绎的方式去总结活动；家庭科专门设置了家庭环境以便学生在老师指导下，学习烹饪、缝纫等技能；社会科会组织学生去农场、工厂等地方体验与学习。多样化的形式可以丰富劳动体验，巩固劳动知识。

从日本的劳动教育中我国可以借鉴的是：一方面构建系统的劳动知识体系，不同的阶段开展内容不同的劳动教育，各个阶段的劳动教育要有连续性；另一方面，家庭、社会与学校协同开展劳动教育，丰富劳动教育的内容和形式，做到因地制宜。

俄罗斯劳动教育的内容和形式是什么样的?

俄罗斯的劳动教育不同于西方资本主义国家。苏联根据马克思主义创立了"统一劳动学校"模式，随着苏联解体，政治、经济体制发生了根本性的变化，唯一具有连续性的是教育改革。

俄罗斯现行的学制包括学前教育、普通教育、职业技术教育、中等专业

---

① 桑廷洲，倪维素. 日本的劳动教育. 外国中小学教育，1987（5）: 47-48.

教育和高等教育，这是对苏联教育制度的继承。俄罗斯在继承苏联教育体系方面最重要的一点是重视劳动教育，这在中小学阶段体现得最明显。俄罗斯的学校专门开设劳动教育课程，1993 年，俄罗斯对劳动技术教育大纲进行了修改，普通学校开始设置工艺学课程，主要围绕劳动教育和综合技术教育，取代了传统的劳动课。

工艺学课程在俄罗斯教育中占有重要地位。俄罗斯是联邦制国家，1993 年的教育改革把普通学校的基础教学计划分为可变和不可变两个部分，可变部分由地区和学校根据自身特点进行安排，不可变部分由国家教育标准统一要求，它保证了俄罗斯联邦教育的统一。[①] 该课程从 1 年级至 11 年级连续开设，每周 2 课时。

在 1993 年的教育方案中，工艺学属于必修（即不可变）部分，总课时所占比重远超物理、化学等学科。工艺学主要涉及技术、劳动训练和绘画等课程。俄罗斯在 2012 年修订了基础教育课程体系，把 1 ～ 8 年级的工艺学列为联邦基础教学计划的不可变部分，并规定了最低学时。9 年级的工艺学则被列入可变部分，由地方自行安排。10 ～ 11 年级的工艺学则由学校以多种形式列入地方教育的可变部分，即学校从国家提供的信息工艺学、农业工艺学、工业工艺学中选出工艺学课程方案。根据联邦基础教学计划，1 ～ 4 年级工艺学的主要内容包括造型、缝制、刺绣、编织、工艺美术原理等。从 5 年级开始，男生的学习内容包括木工、金属切割、机床工作，女生则学习烹饪、缝纫等。到了 7 ～ 9 年级，每所学校要有属于自己的劳动教育课程体系。10 ～ 11 年级以选修侧重性的专业科目和基础性的科目为主，旨在培养学生能够自主选择职业，学习所选择的技术，培训相关的技术原理、专门的工艺

烹饪课

---

① 汝骅. 俄罗斯中小学的劳动教育与综合技术教育. 苏州教育学院学报，2002（1）: 96-99.

知识。①

工艺学课程的内容还考虑到地方教育机构的不同能力和该地区的需求，可以按照模块原则建设。俄罗斯的工艺学课程采取的是联邦规定和地方自由开展相结合的形式，课程分组进行并以综合实践为导向。如果学校在城市，班级人数达到25人及以上或者乡村学校班级人数为20人及以上，可将全班分成两个小组，以项目小组的形式开展教学。

俄罗斯的劳动教育主要体现在工艺学课程中。随着时代的发展，工艺学的教学目标与内容在改革，但不变的是课程初衷，即让学生在学习的过程中了解社会各领域的工作，认清未来的职业方向，自主选择职业意向。

俄罗斯劳动教育的特征与启示有哪些？

从俄罗斯的工艺学课程中可以看出俄罗斯劳动教育具有以下特征：

一方面是课程管理制度化。俄罗斯不断完善教育法体系，在政策实施过程中明确联邦标准，确定地区和学校的自主部分，明确不同主体的分工和责任。

另一方面是继承历史，与社会发展、国家发展战略紧密相连。科技发展日新月异，大国竞争也更加激烈。俄罗斯提出要在现代化进程中积极探索科技创新的途径，培养创新型人才。青少年学习现代技术设备的操作技能，是实现创新的必要条件。俄罗斯工艺学课程为青少年提供了学习世界先进技术的机会，工艺学的教学目标就是让孩子们为智能时代的到来做好准备。

俄罗斯的工艺学课程取代了原先的劳动教学，是新的教育改革措施，但工艺学仍然存在许多问题：低年级学段的工艺学课程没有很好地反映出实践导向，工艺学不是高中的必修科目，未列入核心课程，在实际教学过程中缺乏材料保障。

俄罗斯对工艺学课程进行的改革值得我们借鉴：

第一，不同学段的劳动教育课程紧密衔接。俄罗斯的工艺学课程在继承

---

① 宋丽荣，姜君. 俄罗斯劳动教育课程改革——《工艺学》的改革举措及特点. 基础教育课程，2020（5）：74-80.

苏联劳动教育的基础上与国际接轨，在传统生产的基础上与现代创新衔接起来，小学、初中、高中的课程体系相互衔接，课程内容丰富、综合性强。

第二，完善课程管理制度，不断加强教育立法的建设与完善。俄罗斯在国家层面只提供教学大纲、教学计划，用以保障此类课程的基础水平，各个学校和教师有一定的自主创新空间，因地制宜地开展相关课程。在我国，各地区经济、地理环境不尽相同，不宜使用统一的劳动教育教材。可借鉴俄罗斯的做法，国家提供统一课程标准，各地区因地制宜，创造性地开展劳动教育。

第三，加强教师队伍建设，劳动教育教师需要开发具有地方特色的课程。学校开设任何一门课程都需要专业的教师队伍，劳动教育课程也不例外。教授劳动教育课程的老师要具备专业知识，加强专业培训。要重视教师素质，对专业素质高的教师进行物质和精神鼓励，提高教师的地位和待遇，激发教师创新教学模式的动力。

第四，课程内容不断更新，体现现代化理念。2018 年，俄罗斯国家战略中指出："教育领域必须优先完成的任务之一是更新工艺学内容和改进工艺学的教学方法。学校应该紧跟时代步伐，让学生掌握新知识和新技能，能够自由地、创造性地思考。为此，需要一种不断更新教学内容的有效机制。"[①]

我国新时代的劳动教育不论在方式还是内容上都应紧跟时代的潮流，运用信息技术手段，融合教育资源，利用数字化手段，优化课程内容和方式。需要特别注意的是，在培养劳动技能时，既要考虑到科技发展水平，也不能一味追求最好的，应该基于学校所在地区的具体情况和需求。未来职业场景离不开计算机、3D 建模、数字化生产技术、纳米技术、机器人和自动控制系统、物联网等，各类学校应该引入一定数量的设施设备，帮助学生拓宽就业思路。

---

① 宋丽荣，姜君. 俄罗斯劳动教育课程改革——《工艺学》的改革举措及特点. 基础教育课程，2020（5）：74-80.

第四篇

学校劳动教育（一）

学校在劳动教育中承担什么角色？

学校是劳动教育的主阵地，学校需要在劳动教育中发挥主导作用，承担主体责任。学校通常设立规范的教育教学体系，在校学生除特殊情况外，均将按照该体系，逐步学习并掌握各项知识和技能。因此，学校劳动教育的整体设计和实施情况将直接影响学生的劳动教育参与度和实际效果。

学校开展劳动教育至少包括六个层面：整体设计层面、机构和人员层面、课程层面、活动层面、实践基地层面、评价层面。

整体设计层面，《大中小学劳动教育指导纲要（试行）》（以下简称《纲要》）指出："应根据国家相关规定，结合当地和本校实际情况，对劳动教育进行整体设计、系统规划，形成劳动教育总体实施方案。方案要明确劳动教育目标内容、课时安排、主要劳动实践活动安排、劳动教育过程组织与指导及考核评价办法等。同时要基于学生的年段特征、阶段性教育要求，研究制定'学校学年（或学期）劳动教育计划'，对学年、学期劳动教育实践活动作出具体安排，特别是规划好劳动周等集中劳动，细化有关要求。使总体实施方案和学年（或学期）活动计划相互配套、衔接，形成可持续开展的劳动教育实施方案。"

机构和人员层面，劳动教育要落地实施，必须有人专门负责，具体推进。有条件的学校，可以参照思政教研室或思政部、体育教研室或体育学部、美育教研室或美育学部，设立专门的机构或部门，汇聚专门的教师和行政人员，专门从事全校的劳动教育相关工作。条件有限的学校，可以基于现有的学生处、团委、教务处、后勤处或马克思主义学院等机构（或部门），在其中设立分支机构，安排人员负责劳动教育的相关工作，或者由以上机构的现有人员兼职从事劳动教育的相关工作。一般来说，有专门机构的情况下，一般会配备一定数量的人员，这样，劳动教育的各项工作将更好地开展；如果没有专门机构，劳动教育的工作将依靠现有机构的现有人员。在现有工作不变的情况下，增加一项新的劳动教育工作，劳动教育的整体效果通常难以保证。

课程层面，劳动教育既包括专门的劳动通识课程、劳动技能课程，也包括在一般课程中融入劳动教育。劳动通识课程讲述劳动安全、劳动心理、劳动文化、劳动精神、劳动法律、劳动与社会保障、劳动经济等内容，在不同学段，该门课程的内容各有侧重，讲授形式可以多元并举、互为补充。劳动技能课程主要是让学生掌握一些基本的生活技能，比如制作手工艺品、查电表、查水表、知悉电路原理、掌握灭火器操作方式等，并掌握一些基本的职业技能，比如学习使用电脑办公软件、学习使用测绘仪表、学习操作数控机器等。在一般课程中，教师也可以融入劳动教育的有关内容，比如讲述劳动者的成长经历、某项新发明的产生过程等。

活动层面，学校需开展丰富多彩的校外劳动教育活动，包括志愿服务、公益劳动、社会实践、体验式短期实习、长达几个月的顶岗实习等。这些活动可以零散地分布在一个学期的各个时段，也可以设立劳动周、劳动月，集中开展。学校要鼓励学生走出校门，走进社区，走进街道，走进养老院、福利院，走向田间地头、工厂车间，在各类活动中感受社会，培养面向人民、面向真实世界的社会主义建设者和接班人。

实践基地层面，学校要在校内外建立健全劳动教育实践基地，为各类劳动教育活动搭建良好的平台。实践基地需满足本校劳动教育的各项目标，结合本校的学段特点、专业特点，提供参观、劳动体验、劳动锻炼等多种劳动教育项目和机会。实践基地既可由学校单独开发，也可与其他院校、企业共同开发，共同使用。

评价层面，主要是针对学生的劳动教育情况进行综合测评。劳动教育具有综合育人功能。合理设置劳动教育评价体系，可以发挥劳动教育的育人导向作用，更好地实现综合育人的目标。

总体而言，学校在劳动教育中承担主要的角色，学校的劳动教育作用不可替代、不可缺失。学校需综合设计、系统落实、全面推进，通过各个环节实现劳动教育的综合育人功能。

常见的校园劳动有哪些？

常见的校园劳动有三大类，分别是日常生活劳动、劳动课或实训课中的劳动、课外的校园实践劳动。

第一类与学生的日常生活有关，包括洗衣叠被、扫地拖地、整理宿舍内务等。这些是基本的生活技能，要求人人必会。现实中，有些学生每天衣着光鲜靓丽，甚至每天的衣服都不一样。殊不知，其宿舍内务却很差，东西乱堆乱放，垃圾不及时清理，干净的衣服和穿过的衣服混在一起，每天挑一件穿上出门。这种内务情况通常只有室友或身边的同学知道，外人很少了解。虽然各个学校都有检查宿舍内务的规定，但有的学校检查得频繁、严格，学生内务整体情况较好，有的学校检查得较少、不严格，学生内务整体情况堪忧。

第二类与学生的课堂学习有关，即学生在课堂中参加的劳动。在劳动课、劳技课、实训课或实操课上，学生需要学习一定的劳动技能或专业技能，并动手实践，反复练习。这些劳动技能中，有的与生活或兴趣有关，比如折纸、剪纸、编织和陶艺等，有的与职业或工作有关，比如茶艺、调酒、餐桌摆台、客房布置、操控数控车床和操作仪表仪器等。

与第一类劳动相比，第二类劳动通常更受学生欢迎。就第一类劳动来说，学生要么在家里已养成良好习惯，在学校习惯成自然，要么受学校宿管规定的约束，不得不保持整洁。第二类劳动则不然，这类劳动在家庭中很少出现，主要在学校的课堂上学习。这类劳动课不同于理论知识课，学习内容和学习方式特殊，学生上课积极性更高，一旦掌握这些技能，通常很有成就感，一次课结束之后，学生会期待下一次课。

第三类与课外活动有关，即学生在志愿服务、勤工助学、社会实践等活动中参加的劳动。在志愿服务中，学生在校内会议、论坛和培训等活动中要承担任务，如设计海报，安排流程，搬挪桌椅，布置会场，迎接嘉宾等。在勤工助学中，有的学生打扫教室卫生；有的学生从学校收发室领取信件分发给收信人；有的学生在图书馆整理图书，将归还的图书放回借阅架等。在社会实践中，有的学生参加校园内的调研活动、采编活动、植树活动、义卖活动等，需要付出脑力劳动和体力劳动。第三类劳动多为服务性劳动，可以培养学生的服务意识和服务精神。

与第二类劳动相比，第三类劳动的自愿性更明显。如果学生愿意，可以多参加第三类劳动，如果兴趣不大，可以少参加，甚至不参加。不管是中小学、职业院校还是高等院校，学校一般鼓励学生参加第三类劳动，还会给学生提供一定的精神奖励或物质奖励。学生在这些活动中开阔了视野，提高了能力，也获得了一定的奖励，可谓一举多得。

总体而言，这三类劳动各有侧重，是校园劳动的主要组成部分。学校要强化第一类劳动，规范设计第二类劳动，广泛开展第三类劳动，为学生养成良好的劳动习惯、掌握劳动技能、提升劳动精神提供平台和保障。学生需遵守学校规定，严格完成第一类劳动，认真学习第二类劳动，广泛参与第三类劳动，在劳动习惯、劳动技能和劳动精神等方面不断完善和提升。

学校需要设立专门的劳动教育机构吗？

德智体美劳全面发展的育人理念体现在育人过程中，就是分别开设相关课程，开展一定的活动。这些课程和活动均需要有一定数量专门教师参与并组织。按照《关于全面加强新时代大中小学劳动教育的意见》（以下简称《意见》）和《纲要》的精神，劳动教育需要开设课程、举办活动，因此需要一定数量的专门教师。是否需要设立专门的劳动教育机构，可以参照德智体美其他四育的做法。

在德育方面，中小学有专门的德育教师或思政课教师，职业院校和高等学校有马克思主义学院、思政部或基础部，承担相关的课程。在智育方面，中小学开设语文数学英语、物理化学生物、历史地理政治等课程，职业院校和高等学校按专业分为各个院系，分设相应的课程。在体育方面，各级各类学校有专门的体育教研室或体育教学部，负责全校的体育课程、运动会和体育比赛等事宜。在美育方面，中小学有专门的美术教师、音乐教师，隶属一个部门或两个独立的部门。大学有美育课程，相关专业学生必修，其他专业学生选修。参照德智体美四育的实践，劳动教育要落到实处，也需要一定数量的专门教师，成立专门的机构。

2020年之前，只有部分中小学有专门的劳动教育教师，他们零散地分布在学校的各个部门，成立专门机构的学校寥寥无几。大多数学校没有专门的劳动教育教师，也没有成立劳动教育的专门机构。

2020年，中共中央发布《意见》、教育部发布《纲要》后，一些高等院校开始推动落实劳动教育工作，学校负责劳动教育的部门有多种情况，有的学校由团委负责，有的学校由学生处负责，有的学校由马克思主义学院、后勤处或教务处负责，各种情形都有。这些情况下，相当于以上部门额外增加了一项劳动教育的工作，暂时没有劳动教育专任教师。也有一些学校成立了专门的劳动教育机构，比如劳动教育中心、劳动教育研究院、劳动教育学院等。有了专门的机构、专门的教师，劳动教育工作有了专门的负责者，各项工作更容易做到实处、做出成效。

从劳动教育师资队伍建设的角度，各级各类学校也应成立专门的劳动教育机构。《意见》指出，需"建立专兼职相结合的劳动教育师资队伍"。《纲要》指出，"建立劳动课教师特聘制度，为学校聘请具有实践经验的社会专业技术人员、劳动模范等担任兼职教师创造条件"。按照《意见》和《纲要》的精神，大中小学要有专门从事劳动教育的教师，并聘请相关行业专业人士担任劳动实践指导教师，建设一支劳动教育师资队伍。预计未来各学院劳动教育的师资队伍体系如图1所示。

在该图中，专任教师是劳动教育的主导力量，包括劳动通识教师、劳动技能教师和劳动实践教师；兼任教师是劳动教育的补充力量，包括来自校内的班主任、辅导员和其他课程教师，以及来自校外的企业高管或技师、劳模或大国工匠。兼任教师的遴选和日常工作需要专任教师来统筹组织，劳动教育实践基地的运营需要专任教师多方协调，参与其中。因此，专任教师队伍需要一个专门的机构，由其具体负责相关事宜，集中商讨，共同推进，提高工作效率和工作质量。

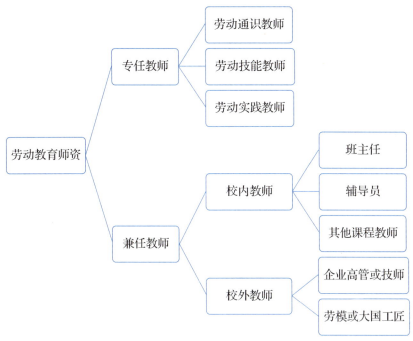

图1 大中小学劳动教育师资体系

预计劳动教育教师将成为中国教师队伍的新群体，他们类似于体育教师、美育教师，完成一定的教学任务，组织一定数量的师生活动，丰富学校的教学内容，增添校园的办学特色。为使该群体顺利开展工作，应有相应的工作方案、聘用制度及晋升规则。为使劳动教育工作成为育人工作的重要一环，充分发挥劳动教育的综合育人作用，各级各类学校要设立专门的劳动教育机构。

劳动教育专任教师从哪里来？

专任教师将是劳动教育的主导和中坚力量，他们的主要教学任务包括：向学生讲授基本劳动知识，让学生掌握基本劳动技能，指导学生参加劳动实践活动。有条件的学校可将这三类工作分开，由三个教师或三组教师分别承担，条件有限的学校可由一个教师或一组教师承担多项工作。

　　劳动教育专任教师的来源有：从现有教师队伍中抽调，面向高校应届毕业生招聘，面向社会招聘等。

　　2020年《意见》和《纲要》发布后，各级各类学校需要尽快将劳动教育落到实处。专任教师的专业水平、工作效率、工作质量将直接影响所在学校劳动教育的效果，影响学生的劳动价值观、劳动精神面貌和劳动技能水平，因此，各级各类学校需要至少参照体育、美育的师资标准，组建一支劳动教育专任教师队伍。

　　从近期来看，对一些还没有劳动教育专任教师的学校来说，最快、最有效的解决办法是，从现有教师队伍中抽调教师，作为劳动教育的专任教师迅速开展相关工作。抽调教师的专业可以是教育学、心理学、马克思主义、劳动经济学、社会学、公共管理等。以上专业出身的教师可以在短时间内熟悉劳动教育的主要内容，多个专业的教师通力协作，可以尽快将劳动教育通识课开起来。

　　从中期来看，如果一所学校希望在三五年内建立一支健全的劳动教育师资队伍，最具可行性的做法是招聘高校应届毕业生，该群体将是劳动教育专任教师的主要力量。具体而言，可从马克思主义、哲学、教育学、管理学、社会学、经济学、民商法学（含劳动法、劳动与社会保障法）等专业中招聘博士、硕士，进行专门培训后，充实到高等院校和职业院校的劳动教育专任教师队伍中；从教育学、心理学、工程学等专业及相关职业技术院校中选拔硕士生、本科生，经培训后充实到中小学劳动教育专任教师队伍中。应届毕业生的劣势是教学经验不足，优势是可塑性、创造力强，富有干劲儿、闯劲儿，在老教师的带领下，将成为相关工作的多元化支撑力量。

从长期来看，劳动教育师资队伍至少需要包括通识课教师和技能教师。两者均可面向社会招聘，扩大选择范围。招聘对象既可以来自大学院校的相关专业，也可以来自企业和行业组织，只要专业相符或技能相符，与学校的实际需求相匹配，就可以成为专任教师。

从更长期的角度来看，劳动教育工作长期可持续开展离不开专业化的师资力量。因此，有条件的高校需尽快开设劳动教育专业，在教育学、公共管理、马克思主义专业设立劳动教育方向，通过多个平台、多个专业，为大中小学培养劳动教育后备师资。

劳动教育专任教师需要具备哪些素质？

根据《意见》和《纲要》的精神，劳动教育专任教师至少需要具备如下基本素质：一是专业基础扎实。深刻理解马克思主义劳动观，具备劳动法律、劳动关系、劳动与伦理、劳动与管理、劳动与经济、劳动与安全等必要的劳动科学知识，能够因人因事、灵活多样、深入浅出地对学生进行正确的劳动观教育，让学生真正懂得劳动创造价值、关乎幸福人生的道理，由衷认同并树立"劳动最光荣、劳动最崇高、劳动最伟大、劳动最美丽"的观念。二是教育素养深厚。熟悉育人规律，懂得劳动教育的育人价值，能够把握育人导向、遵循教育规律，具备进行五育融合的劳动教育项目设计与评价的专业化教育能力。三是创新能力突出。具备一定的通用劳动技术教育能力，懂得新时代劳动发展的新趋势，能够根据时代特征设计劳动教育内容、改进劳动教育方式、组织劳动教育实践活动，具有劳动教育安全风险防范的专业意识和能力。

分学段来看，大中小学劳动教育的侧重点不同，劳动教育专任教师的工作重点也各有差异。

小学劳动教育以启蒙为主，旨在培养学生的劳动意识和劳动习惯，劳动教育分散在生活起居、校园卫生清洁及手工制作等劳动体验中。除了劳育专任教师在劳育课程中讲解劳动知识、传授劳动技能外，班主任亦在劳动教育中扮演重要角色。专任教师需要定期向全校班主任培训劳动教育的相关内容，提升班主任的劳动教育能力和水平。

中学劳动教育旨在培养劳动态度和劳动精神，劳动教育涵盖日常生活劳动、生产劳动和服务性劳动。除了掌握一些基本的劳动常识，学生还需要体验各类职业的劳动。劳动教育专任教师需要在劳动教育课程中讲授劳动常识，组织开展丰富多彩的校内外劳动体验活动，让学生广泛接触各类劳动场景，进行多样化的劳动实践，初步掌握一些职业技能。

职业院校劳动教育旨在培养劳动素养和工匠精神，增强劳动荣誉感、劳动责任感和劳动自豪感。除了日常生活劳动，依托实习实训的生产劳动和服务性劳动是劳动教育的重要途径。劳动教育专任教师除了向学生讲授劳动安全、劳动法律、劳动合同和劳动文化等劳动通识，还需组织学生参加校内外的公益劳动和志愿服务，指导学生参加实习实训，培育爱岗敬业的劳动态度和精益求精的工匠精神。

大学劳动教育旨在培养劳动价值观和劳动使命感，学生在日常生活劳动的基础上强化服务性劳动，并结合本专业特点进行创造性劳动。大学生需要从理论层面认识劳动，包括劳动关系、劳动经济、劳动法律、劳动与社会保障等。劳动教育专任教师需要讲授各个学科关于劳动的理论通识，组织劳动教育周或劳动教育月活动，组织学生参加各类服务性劳动和公益劳动，参加与专业相关的实习实训活动和创新创业活动。

总体而言，各学段学生的年龄和接受程度不同，劳动教育的内容也不同，相应地，劳动教育专任教师的素质也不一样。各级各类学校需要根据学段特点，培养劳动教育专任教师的专项素质。

36

劳动教育专任教师的工作职责有哪些？

劳动教育专任教师负责本校劳动教育的相关工作，包括课程、实践活动、实践基地、劳育培训和劳育评价等方面。具体而言，该群体教师的工作职责包括以下七个方面。

第一，设计学校劳动教育综合实施方案。教育部发布的《纲要》对各级各类学校劳动教育的内容和形式进行了一般性指导，其中要求中小学劳动教育每周不少于 1 课时，职业院校和高等院校学生在校期间劳动教育分别不少于 16 学时和 32 学时，这里关于课时和学时的要求是统一的，各级各类学校必须执行。不过，对这些课时和学时的学习内容却没有明确规定，各学校有一定的自主决定空间。在课程之外，各学校需要开展一定的劳动教育活动，定期进行劳动教育评价，《纲要》没有明确规定活动的形式和内容，也没有规定怎样评价。各学校需要立足于学校情况、学生情况和专业情况等，综合考虑经费、人员和场地，设计具体的实施方案，包括课程怎么开，活动怎么办，评价怎么提，等等。

第二，开设并讲授本校劳动教育课程。这是最重要的职责，关乎教育部、各级教育部门对学校的考核和评价。在中小学，此类课程为"劳动与技术"或"通用技术"，以手工操作为主，讲授知识为辅；在职业院校和高等院校，此类课程为"劳动通识"、"劳动通论"或"劳动教育概论"，以讲授知识为主，实践锻炼为辅。

第三，组织综合实践活动，主办劳动教育周或劳动教育月活动。综合实践活动是中小学劳动教育的重要载体，现有形式包括校内劳动竞赛、手工制作，校外农场劳动、工厂劳动、参观农场或工厂、研学旅行等。职业院校和高等院校的综合实践活动包括校内实训、劳动技能竞赛、演讲比赛和征文活动，校外社会调研、实践调查、顶岗实习、公益劳动，及校内外志愿服务等。以上活动通常零散分布在学年当中。另一种形式是将综合实践活动集中在一起，以劳动教育周或劳动教育月的形式开展，具体时间可以是学年中，也可以是寒暑假。这些活动的参与主体是学生，劳动教育专任教师是组织者，各个专业的班主任、辅导员和任课教师参与组织相关活动。

第四，联系校外教师来校举办劳动教育讲座或报告，定期与学生面对面交流，讲授劳动技能或劳动故事。校外教师主要是学校的劳动教育兼职教师，也包括临时邀请的行业嘉宾。劳动教育专任教师需要与校外教师建立沟通渠道，保持畅通联系，提前预约时间，了解相关需求，组织现场事宜，事后反馈相关信息。

第五，联系校外实践基地、行业协会或公益组织，组织学生开展校外劳动实践活动。劳动教育专任教师需要积极开拓校外资源，与企业、行业或公益组织建立联系，设立劳动教育实践基础或校企合作育人基地，开展相应的劳动教育活动。

第六，对全校老师开展全员培训，强化每位老师的劳动意识、劳动观念，提升实施劳动教育的自觉性。培训对象包括班主任、辅导员及与学生有直接联系的行政人员。组织开展课程劳育研讨会，引导其他课程教师在教学中融入劳动元素。

第七，定期进行劳动教育评价。在年度评先评优或综合素质测评时，组织开展劳动教育评价，将其纳入学生评价体系。劳动教育评价基于劳育课程和劳动实践活动，从日常生活劳动、手工技能或职业技能、参加校内外技能竞赛、公益劳动或志愿服务等方面进行综合评价。各学校设计劳动教育评价体系，将其纳入学生手册，作为引导学生全面发展的一项指引。

总体而言，劳动教育专任教师是劳动教育的主导力量，承担多种工作。各级各类学校需要综合考虑，安排适当的人员，保证各项工作顺利开展。

劳动教育兼职教师从哪里来？

劳动教育兼职教师包括校内和校外两个群体，校内兼职教师包括班主任、辅导员和其他课程教师，校外兼职教师包括企业高管和技术人员、劳模或大国工匠等。

劳动教育兼职教师是劳动教育师资队伍的重要组成部分，兼职教师的工作是劳动教育的有机补充。如果说专任教师的工作是一日三餐，那么兼职教师的工作就是餐前开胃小菜、餐后水果、两餐中间的甜点和茶水。保证一日三餐是基本要求，一日三餐的营养水平和质量依具体条件而不同。只有一日三餐是一种层次，在三餐之外还有补充是更高层次。劳动教育兼职教师的工作就是三餐外的补充。很多学校没有，一些学校有少量补充，少数学校有丰富的补充。这取决于学校所处位置、学校管理团队的重视程度、学校的经费条件等。

　　一般来说，校内兼职教师较好安排，容易开展工作。难点在于组建一定数量的校外兼职教师队伍，开展丰富多彩的活动。

　　对于校内，学校可以统一规定，所有班主任、辅导员和专业课老师都是劳动教育兼职教师，班主任和辅导员在平时工作中融入劳动教育，专业课老师在课堂中融入劳动教育。学校可以统一要求，各班在每学期或每学年举办劳动教育主题班会或活动，班主任和辅导员参与其中；面向任课教师举办案例征文活动，引导任课教师参与劳动教育。

　　对于校外，各级各类学校需基于位置、学生人数、学段特点、专业特点、校企合作资源和地方政府支持情况等，组建一支兼职师资队伍，满足本校劳动教育相关活动的要求。比如，山区的学校可以邀请农民，城镇的学校可以邀请企业技工，城市的学校可以邀请企业高管；条件有限的学校可以有少量兼职教师，保证基本活动需求，条件充裕的学校可以建立兼职教师库，每次活动前从教师库中优选师资。校外兼职教师可以来源于多个行业，农业、工业、服务业均在选择范围内。在地域上，以本地为主，以方便开展活动。一般而言，兼职教师需有丰富的从业经历、精湛的专业技能，是当地某一行业的佼佼者，最突出者是劳模或大国工匠。职业院校和高等院校需尽可能聘请一定数量的劳模或大国工匠作为劳动教育兼职教师，为学生创造学习交流的机会，培养劳动精神、劳模精神和工匠精神。

　　在工作内容方面，班主任、辅导员在学生的思想政治教育中融入劳动教育，培养学生的劳动价值观、劳动幸福观。其他任课教师在课程中融入劳动教育元素，使学生从多个学科、多个角度、多个层面认识劳动，形成对劳动的立体认识，树立辛勤劳动、诚实劳动、合法劳动的意识，规范、高效并创造性地劳动。校外兼职教师一般为企业的技术骨干或中高层管理者，受邀到学校举办劳动讲座，或在校内外实践场所指导学生，传授劳动技能。劳模或大国工匠定期到学校举办讲座，与学生面对面交流，讲授行业发展历程和劳动者故事，使学生近距离感受劳动精神和工匠精神。

　　在工作期限方面，校内兼职教师是无限期的，校外兼职教师有签订固定期限合同和单次活动兼职两种情况。学校需要建立校外兼职教师库或名录，进行动态调整，定期更新。

　　在劳动报酬方面，对于校内教师，除了专项活动、专项课题外，其薪酬通常采用原有的标准，学校不需要支付额外的薪酬。对于校外教师，学校通常按次数支付一定的酬劳，也可按月支付酬劳。如果学校与企业有合作协议，学校可以不向兼职教师单独支付酬劳。

38　如何发挥劳动教育兼职教师的劳动教育作用？

劳动教育兼职教师包括校内兼职教师和校外兼职教师两类。校内兼职教师包括班主任、辅导员和专业课教师等。校外兼职教师包括企业的高管或技术人员、劳动模范或大国工匠等。校内兼职教师在各自工作岗位和育人环节中分别融入劳动教育的内容，没有固定的模式。相反，校外兼职教师参与学校育人的模式大致相同，主要有以下四种：

第一，走进学校，走进课堂，与学校任课教师合上一门课。一些与行业实践联系紧密的课程，任课教师可以邀请企业的高管或技术人员共同授课。任课教师与企业高管或技术人员根据课程要求和个人实际，分担授课任务。一般来说，企业高管或技术人员承担较少的课时，讲解与实践联系最紧密的部分，讲授一种或几种职业技能，或者以个人成长经历和工作内容为基础，向学生讲解行业发展历程和对人才的要求，使学生感受从业人员的工作状态。

第二，走进学校，举办讲座、报告、沙龙，或参加活动。大部分企业高管或技术人员的时间和精力有限，不能与教师同上一门课，只能保证在半年或一年之内到校一次，与学生当面交流，交流的形式包括：举办讲座、报告或沙龙，参加活动等。通常，讲座、报告或沙龙的内容与行业有关，与主讲人的经历有关，与学生有关。活动的主题通常与专业有关，与学生发展有关。企业高管或技术人员在活动中以多种形式与学生互动，使学生对行业有最新认知。常见的活动包括：技能比赛、演讲比赛、案例大赛、商业策划比赛、主题班会等。

第三，设立工作室，以工作室为平台开展相关活动。具体方式包括：学校邀请企业在校设立工作室，以企业名字命名，企业高管或技术人员、劳模或大国工匠作为工作室的成员；学校设立工作室，邀请以上人员作为成员；学校与企业或个人合作，设立以某人名字命名的工作室，此人为工作室主要成员，其团队成员为工作室补充成员。多数情况下，工作室是固定的，成员可能会变化。工作室需要有一定数量的图书、仪器、展品及办公设备。工作室定期开放，学生可以在此学习交流，工作室成员（即兼职教师）定期到学校与学生交流。

第四，邀请学生到企业实地参观、体验。为学生创造机会，提前感知工作场景，了解现实的工作内容和工作状态。当然，由于场地有限，不可能邀请所有学生同时到一家企业参观。变通的做法是，学校同时联系多个劳动教育兼职教师，一部分学生到一家企业参观、体验，另一部分学生到另一家企业参观、体验，或者所有学生分批次到一家企业参观、体验。这些企业通常离学校较近，单趟车程在两个小时以内，活动时间为半天或一天。

劳动教育兼职教师是专任教师的补充，以个人经历和行业现实为基础，引导学生认识现实世界、树立正确的劳动价值观、积极学习劳动知识和劳动技能，对学生成长成才有重要的促进作用。各学校需要搭建校企合作平台，整合教学资源，增加学生的学习机会，开拓学生的视野，创新办学思路，丰富办学模式，充分发挥劳动教育专任教师的作用，将兼职教师的育人工作做成学校的亮点和特色。

39 班主任和辅导员在劳动教育中承担什么角色？

学生在校期间与班主任、辅导员的交集远大于其他老师，因此，班主任和辅导员对学生的学习心态、学习状态、思想观念、职业观、人生观和劳动观等有重要的影响。在全员育人的理念下，需要发挥班主任和辅导员在劳动教育中的作用。

从小学、中学到大学，学生的前进速度有快有慢。有的人综合条件好，走得快，走得轻松；有的人走得慢，走得困难；有的人中途辍学，转入其他路线。不论怎样，行程中均可能遇到坑洼之处，遇到交通拥堵路段，遇到桥梁、隧道，班主任和辅导员就是道路两旁的路标，是桥梁上的护栏，是隧道中的安全洞室，在学生行进途中起到引导、提示、保驾护航的作用。

班主任和辅导员可以从以下几方面发挥劳动教育的作用。

第一，在班会中学习先进人物的事迹，引导学生树立正确的劳动价值观。

大中小学的每个班级均会召开班会，有的每周一次，有的两周一次，有的每月一次，有的不定期召开。班会内容通常是传达通知，安排事项，进行选举投票等。在主题班会上，通常会围绕某个主题进行集中学习，集中讨论。在每次班会上，班主任一般要重申近段时间学习的任务、学校的政策文件和通知，使学生统一思想、专心学习、全面发展。除了班主任，辅导员也可以参加班会，尤其是参加主题班会，就某个主题进行讲解，拓展学生对劳动教育相关问题的认识。

第二，在班级集体活动中锻炼学生的劳动能力。班级都有集体活动，比如学校组织的运动会、拔河比赛、大扫除、团日活动和学术节等，或者班级自己组织的集体活动，比如爬山、国庆活动、年底聚会等。每次活动均需要提前组织，需要人力、物力和财力的调配，需要班主任或辅导员进行总体指导和具体安排，因此是进行劳动教育的良好机会。班主任或辅导员可以在这些活动中发挥班干部的作用，兼顾其他同学，使各位同学均能有所收获。

第三，在学生困惑时予以疏导。学生在学习、劳动、实习中，可能会出现苦恼、困惑、排斥等情况，有时会面临家庭或其他的困扰，导致状态不佳，情绪低落，不利于学习和生活。班主任和辅导员有义务帮助学生调整好心态，重新回到正常的学习中。班主任和辅导员在与学生的交流中，需要以知名人物、师生、校友或自身为例，晓之以理，动之以情，使学生平静下来。学生经历这些事情后会成长，在劳动意识、劳动观念、劳动品质等层面有所提升。

劳动教育自 2020 年开始成为大中小学的必修课，在专任教师较缺乏的情况下，班主任和辅导员承担了劳动教育的任务，但班主任和辅导员没有接受过专门的劳动教育培训，劳动教育大多是零散的，不成体系。应让班主任和辅导员接受一定的专业培训，以更好地在育人过程中融入劳动教育，发挥劳动教育的综合育人功能。

各类专业课教师在劳动教育中承担什么角色？

专业课教师是劳动教育师资队伍的补充力量，承担着在专业课中融入劳动教育的重要任务。

劳动教育专业课教师专门讲授劳动知识、劳动技能和劳动价值观，在专业课中穿插讲解劳动知识、劳动者经历、行业趋势、人才需求、劳动精神、劳模精神和工匠精神等。

专业课教师在讲解专业知识时融入劳动教育具有必要性。首先，专业课教师是教师队伍的一员，承担着育人使命。育人包括德育、智育、体育、美育和劳育等方面，专业课教师主要承担智育方面的职责，但不意味着智育跟其他方面是截然分开的。专业课教师在讲授专业知识时，需要借用其他育人方面的内容。其次，在专业课上，学生学习知识的过程也是认识世界的过程，专业课教师讲授专业知识也是在引导学生认识世界，这与树立人生观、世界观和价值观并行不悖。最后，在立德树人的大目标下，德育工作以全员、全方位、全过程的形式展开，劳育具有树德、增智、强体、育人的综合功能，亦需要以全员、全方位、全过程的形式展开，专业课教师加入劳动教育工作，是贯彻以上"三全育人"精神的具体体现。

专业课教师在讲解专业知识时融入劳动教育，对学生学习专业知识有促进作用。原因有二：一是拓宽学生视野，激发学生的学习兴趣。专业课教师将与劳动教育相关的内容作为专业知识的补充、扩展，有利于提高学生的学习积极性。实践表明，当学生对某个人、某件事、某项内容感兴趣时，会主动学习，主动钻研，学习效果更好。二是有利于学生深入理解专业知识，加深对相关知识和问题的感性认识。与专业知识相关的劳动教育内容，有利于学生拓宽视野，使相关知识融会贯通。

专业课教师在讲解专业知识时融入劳动教育，与劳动教育专任教师专门进行劳动教育相比有一定的优势。一方面，劳动教育专任教师在讲课时，需要设计各类教学环节，提升学生的学习兴趣，引导学生接受所讲授的知识和价值观。另一方面，专业课教师在讲解专业知识时穿插劳动教育的内容，学生的接受程度更高，效果更好。

总体而言，专业课教师进行劳动教育具有必要性、可行性，会有良好的效果。各级各类学校需要加强引导，发挥专业课教师在劳动教育中的育人作用。

当然，与班主任、辅导员一样，目前专业课教师普遍没有接受过劳动教育的培训，进行的尝试很有限。未来，随着各学校配备劳动教育专任教师，专任教师对班主任、辅导员和专业课教师进行培训，专业课教师的劳动教育方法将更加丰富，效果将更加显著。

劳动教育与研学旅行一样吗？

研学旅行是劳动教育的一种形式，但不是劳动教育的全部。

从广义上讲，研学旅行是指旅游者出于对地理、历史、人物、自然、文化的求知需要，在异地学习或研究的旅游活动。狭义上的研学旅行是指由学校根据区域特色、学生年龄特点和各学科教学内容，让学生通过集体旅行、集中食宿的方式走出校园，在与平常生活不同的体验中开阔视野、丰富知识，加深与自然和文化的亲近感，增进对理论知识的理解，拓展集体生活体验，探索广阔世界的校外考察和实践活动。2014年，教育部在《关于进一步做好中小学生研学旅行试点工作的通知》中把研学旅行定义成："面向全体中小学生，由学校组织安排，以培养中小学生的生活技能、集体观念、创新精神和实践能力为目标，通过集体旅行、集中食宿开展的一种普及性教育活动，是加强和改进未成年人思想道德建设的重要举措，是推动学校教育和社会实践相结合、全面推进素质教育的重要途径，重点突出全员参与、集体活动、走出校园、实践体验。"2016年《教育部等11部门关于推进中小学生研学旅行的意见》指出："中小学生研学旅行是由教育部门和学校有计划地组织安排，通过集体旅行、集中食宿方式开展的研究性学习和旅行体验相结合的校外教育活动，是学校教育和校外教育衔接的创新形式，是教育教学的重要内容，是综合实践育人的有效途径。"目前，研学旅行的主体是中小学生。

研学旅行在我国古已有之。春秋战国时期，孔子及其弟子周游列国，边走边学，边看边讲；西汉时期，司马迁游历各地，考察当地的风土人情；元朝时期，政府为了开拓疆域，促进民族融合，鼓励少数民族地区的人们遍游各地，学习汉学；明代徐霞客游历祖国河山，完成了《徐霞客游记》。这些不同时期的研学、游历都在一定程度上起到了拓宽视野、增长知识的作用，但囿于时代背景和旅行者自身认知程度，未能形成对研学旅行的清晰认知，也没有形成现代意义上研学旅行的完整体系。

在我国，现代意义上的研学旅行经历了三个发展阶段。

第一阶段为萌芽阶段。在 1840 年鸦片战争之后，列强的入侵使我国的政治、经济和文化发生了很大变化，促使很多爱国人士留学海外学习先进的文化和知识。新中国成立初期，为了建设国家和发展经济，选拔了一批优秀的人才，通过公派留学的方式到海外学习，观察海外的生产组织和社会现实。

第二阶段为发展阶段。1993 年，首届中国修学旅行研讨会在南京召开，会议接待了日本旅游界、航空界、教育界等各界人士，以此为契机，研学旅行在中国得到关注并不断发展。2003 年，我国首个修学旅行中心在上海成立，该中心组织专业人员编写了《修学旅行手册》。2013 年，研学旅行首次上升为国家层面的政策导向，国务院发布《国民旅游休闲纲要（2013—2020 年)》，提出要逐步推行中小学生研学旅行，鼓励学校组织学生进行寓教于游的课外实践活动。此纲要的发布促进了研学旅行在我国的发展，各地积极开展研学旅行的试点工作，各个学校积极组织学生参加研学旅行。

第三阶段为快速发展和普及阶段。2014 年 8 月 9 日，国务院颁布了《关于促进旅游业改革发展的若干意见》，第一次将研学旅行纳入中小学日常教育范畴，第一次明确研学旅行的体系和框架。2015 年 8 月，国务院办公厅印发《关于进一步促进旅游投资和消费的若干意见》，提出支持研学旅行发展，把研学旅行纳入学生综合素质教育范畴。2016 年，教育部、国家发展改革委员会等 11 个部门联合印发《关于推进中小学生研学旅行的意见》，提出要将研学旅行纳入中小学教育教学计划，并与综合实践活动课程统筹考虑，促进研学旅行和学校课程有机融合。至此，研学旅行在全国范围内推广。2017 年，在《教育部关于公布第一批全国中小学生研学实践教育基地、营地名单的通知》中，命名 204 个单位为"全国中小学生研学实践教育基地"，14 个单位为"全国中小学生研学实践教育营地"。2018 年《教育部办公厅关于公布 2018 年全国中小学生研学实践教育基地、营地名单的通知》中，全国中小学生研学实践教育基地增加为 377 个，全国中小学生研学实践教育营地增加到 26 个。据不完全统计，截至 2020 年，全国中小学生研学实践教育基地超过 1 600 个，全国中小学生研学实践教育营地有 177 个，研学旅行在我国进一步普及。

研学旅行是研学和旅行相结合、走出传统课堂的一种教学方式。这种教学既有一定的规范，也有一定的灵活性。根据不同学科的教学目标、课程标准，每次活动需要有针对性地设置主题，而不是盲目进行。2015年8月，国务院《关于进一步促进旅游投资和消费的若干意见》提出，鼓励各地依托自然和文化遗产资源、红色旅游景点景区、大型公共设施、知名院校、科研机构、工矿企业、大型农场开展研学旅行活动。各地学校需要根据学生不同学段，依托各地所拥有的不同地理人文特色、博物馆等研学旅行资源设置研学旅行的主题。例如，"探寻诗画庐山背后的知识"这一主题是基于山地形成的知识点，通过阅读从古至今描写庐山的诗句佳作去探究庐山地质地貌形成的原因。"走进红军"这一主题是通过参观博物馆、遗址，听红色歌曲和故事的形式学习红军的历史知识。2017年8月，教育部《中小学德育工作指南》提出，有针对性地开展自然类、历史类、地理类、科技类、人文类、体验类等多种类型的研学旅行活动，进一步引导中小学因地制宜，精心设计，开展丰富多彩的研学旅行。

研学旅行是劳动教育的一种形式，不是劳动教育的全部。在研学旅行中，学生暂别家庭和校园，进入陌生的自然与社会环境中旅行、生活和学习，独立面对并完成衣、食、住、行等劳动任务。研学旅行途中行李搬运、个人生活用品的整理与清洁等任务可以培养学生的劳动能力和对劳动的热爱，提升学生在集体生活中的责任感。

研学旅行本身不是劳动教育的范畴，若在研学旅行中加入劳动教育设计方案、劳动教育实践、劳动教育评价等与劳动教育相关的内容，就属于劳动教育。基于研学旅行的劳动教育能为学生提供综合运用学科知识解决实际问题的社会生产性活动情境，让学生学以致用，参与和体验生产劳动或服务性劳动，感悟劳动的价值。

劳动教育与志愿服务一样吗？

（1）何为志愿服务？

志愿服务一般是指个人在不受私人利益驱使、不受法律强制的情况下，基于道义、信念、良知、同情心和责任感，为改善他人或社会处境，促进社会进步而自愿付出个人的时间、精力、知识、技能、体力、资源或善心，做出非本职的服务性工作。常见的志愿服务有校园活动后勤保障、社区垃圾分类、博物馆义务讲解等。

2017 年 12 月 1 日，国务院颁布的《志愿服务条例》（以下简称《条例》）明确指出，志愿服务是指志愿者、志愿服务组织和其他组织自愿、无偿向社会或者他人提供的公益服务。同时，国家积极鼓励学生参与志愿服务活动，《条例》明确表示：学校、家庭和社会应当培养青少年的志愿服务意识和能力。高等学校、中等职业学校可以将学生参与志愿服务活动纳入实践学分管理。国家鼓励企业和其他组织在同等条件下优先招用有良好志愿服务记录的志愿者。公务员考录、事业单位招聘可以将志愿服务情况纳入考察内容。

志愿工作具有志愿性、无偿性、公益性、组织性四大特征。志愿服务的目的是促进现代社会文明进步，加强精神文明建设，培育和践行社会主义核心价值观。志愿服务的精神是奉献、友爱、互助、进步。志愿服务的范围包括：扶贫开发、社区建设、环境保护、大型赛会、应急救助、海外服务等。志愿服务的功能包括：社会动员、社会保障、社会整合、社会教化、促进社会和谐、促进社会进步。

（2）志愿服务的政策要求。

2017 年教育部发布《中小学德育工作指南》，明确指出"要广泛开展与学生年龄、智力相适应的志愿服务活动"。2016 年 9 月，《中国学生发展核心素养》研究成果发布，指出中国学生发展核心素养以培养"全面发展的人"为核心，其中"社会责任"中明确提到"热心公益和志愿服务"。2020 年 3 月，中共中央、国务院印发《关于全面加强新时代大中小学劳动教育的意见》，支持学生深入城乡社区、福利院和公共场所等参加志愿服务。2020 年 7 月，教育部印发《大中小学劳动教育指导纲要（试行）》（以下简称《纲要》），也积极鼓励各大中小学开展以志愿服务为主的服务性劳动。

针对不同学段的志愿服务，《纲要》提出，大学生要定期开展校内外公益服务性劳动，做好校园环境秩序维护，运用专业技能为社会、为他人提供相关公益服务，培育社会公德，厚植爱国爱民的情怀；强化服务性劳动，自觉参与教室、食堂、校园场所的卫生保洁、绿化美化和管理服务等，结合"三支一扶"、大学生志愿服务西部计划、"青年红色筑梦之旅"、"三下乡"等社会实践活动开展服务性劳动。

《纲要》针对中小学生的志愿服务活动也提出指导，在小学中高年级，适当参加社区环保、公共卫生等力所能及的公益劳动，增强公共服务意识；在初中阶段，定期开展校园包干区域保洁和美化，以及助残、敬老、扶弱等服务性劳动，初步形成对学校、社区负责任的态度和社会公德意识；在普通高中，积极参加大型赛事、社区建设、环境保护等公益活动、志愿服务，强化社会责任意识和奉献精神。

（3）志愿服务的具体实践。

大学生志愿服务是我国志愿服务的重要组成部分。大部分高校利用校内外志愿服务资源为学生搭建了有保障的志愿者服务平台，如青年志愿者协会、大型公益性组织或社团等。志愿者对内可以协助学校的功能性部门更好地服务学生；对外可以参与支教、义卖、支援西部等志愿活动。不仅如此，一些专业类院校的大学生可以凭借自身的专业参与志愿服务活动，比如会展服务、餐饮服务、交通服务、体育赛事服务等。通过参与形式多样的志愿活动，大学生不仅能够培养责任意识，增加社会阅历，提升实践能力，还能提升劳动综合素养。

中小学生参加志愿活动的途径和意义与大学生群体存在明显区别。中小学生大多是未成年人，受限于年龄、时间和知识、能力，他们参与的志愿服务活动通常以班级、学校、家庭范围内的自我服务和公益性劳动为主，以社区、社会志愿服务为辅。

很多中学结合学生和社会的力量积极拓展适合中学生参与的志愿服务活动。例如，借助社会力量挖掘志愿服务资源，涉及助老、助残等生命关怀领域，涉及名人故居讲解、景区游客导引等文化宣讲领域，涉及关爱野生动物、提倡绿色环保等公民意识领域，涉及交通指引、参与赛事、会展等组织管理领域；学校可提供校园大型活动的服务性工作、校园值周、大扫除、图书管理、课业辅导等志愿服务项目。学生可以自主设计志愿服务项目，组织周边的中学生参与。

在参与中提升公益服务意识是各小学的主要目标。学生可以通过参与校外交通引导活动提高公民意识；通过参与社区垃圾分类宣传、光盘行动、清理小广告等活动提高环保意识；通过参与关爱儿童、关爱老人、爱护流浪小动物等活动培养服务他人、关爱他人、爱护动物的意识；通过参与景点讲解、国粹宣传等活动培养热爱祖国、保护文化的意识。

（4）志愿服务与劳动教育的联系。

志愿服务和劳动教育存在密切联系。志愿服务具有劳动教育的元素，是劳动教育实践活动的一种表现形式，但不是劳动教育的全部。志愿服务作为劳动教育实践活动被纳入劳动教育实践体系。学生可以在校内服务、社区服务、支教、知识下乡、支援贫困山区、援藏、建设西部等志愿服务活动中培养劳动精神，强化劳动能力，养成良好劳动素养，形成热爱劳动过程、珍惜劳动成果和尊重劳动人民的态度，树立马克思主义劳动价值观。

43

劳动教育与专业实习一样吗？

专业实习主要是职业院校、高等院校学生在校期间或毕业前在企业或单位从事与自己所学专业有关的实践工作，实习期限短则几周，长则几个月，甚至一年。

专业实习需要联动产学研多方力量，学校、指导教师、实习企业单位、学生等多方主体共同参与。专业实习让学生把学到的理论知识、专业技能运用到实际业务中，在实践中应用和考验，从而锻炼学生的工作能力、劳动能力、适应能力。

（1）专业实习的功能和作用。

第一，专业实习是学生了解所学专业的应用情况、接触专业领域生产实践、积累实务知识的有效途径。在专业实习过程中，学生可以将专业知识具象化，与业务生产实践结合起来，更清晰地认识所学专业的价值、业务技能要求、个人成长方向。

第二，通过专业实习，可以提高学生的实践能力、业务素质，培养学生的进取心、成就感、使命感。

第三，通过专业实习，可以检验、考察学生的专业知识和技能水平，从而更好地指导学生查漏补缺，及时补足自身短板，同时也能发现优秀人才，培养学生对专业细分领域的兴趣。

第四，专业实习是产学研深入融合的理想模式，能够提高专业化人才培养质量，适应社会变革和科技进步对教育教学方式提出的新要求。

（2）专业实习对劳动教育的促进作用。

首先，通过专业实习，将学生的理论知识、专业储备转化为实践经验，将专业知识与业务能力融合，发挥劳动教育的指导作用。

其次，通过深化产教融合和校企合作、加强实习实训基地建设、引入新型专业实习设备、更新知识结构体系等方式，为学生提供新技术、新工艺、新方法的培训机会，从而提升劳动教育的效果。

再次，专业实习是整体培养方案的一个环节。新时代劳动教育强调与学生的整个培养过程相结合。在专业实习中应重视并提升劳动教育的比重，提高劳动教育的参与度。

最后，在专业实习过程中，学生能得到锻炼，提升业务能力，树立正确的就业观、劳动观，懂得脚踏实地、艰苦奋斗、打造过硬专业技能的深刻道理。

从内容重心来看，专业实习偏重于应用能力提升、实践场景锻炼，教学内容应当围绕技能锻炼、业务磨合、实习实训等设计，以教学为主线。

从教学模式来看，专业实习更适合发挥"实践出真知"的优势，但在教学场景中不宜灌输观点，在讲解理论、分析观点等方面，需要有其他教育形式作为补充。

总体而言，专业实习是劳动教育的主要内容，但不是劳动教育的全部，不能取代劳动教育。

劳动教育与勤工俭学一样吗？

勤工俭学是指由学校、教育管理机构有组织进行的或由学生自发从事的有偿劳务活动，学生利用课余时间或休假时间提供劳动赚取相应报酬，用以补贴其教育和个人生活开支。在欧美、日本等国家和地区，勤工俭学被称为"Work-Study Program（WSP）"。

《高等学校勤工助学管理办法（2018年修订）》第四条规定，"勤工助学活动是指学生在学校的组织下利用课余时间，通过劳动取得合法报酬，用于改善学习和生活条件的实践活动"。第五条指出，"勤工助学是学校学生资助工作的重要组成部分，是提高学生综合素质和资助家庭经济困难学生的有效途径，是实现全程育人、全方位育人的有效平台"。

勤工俭学的形式灵活多样，主要有家教、兼职、零工等几种类型。家教是最常见、最典型的适合学生的勤工俭学形式。兼职和零工的具体工作内容更加多元，包括派发宣传材料、送货、商品促销、当零售服务员等。

勤工俭学的参与途径主要有三种：其一，通过学校（如学校勤工助学中心及社团等组织）与用人单位接洽获得勤工俭学工作机会；其二，通过向中介机构缴纳费用来获得勤工俭学工作机会；其三，通过直招广告或亲友介绍，直接联系用人单位，获得勤工俭学机会。

参与勤工俭学的学生一般有两种目的：获取报酬和接触社会。根据其动机、经济情况和阅历等，不同个体的目的存在一定差异。获取报酬的动机有多个，或是由于自身经济困难，想通过勤工俭学赚取学费，从而减轻家庭经济负担；或是由于超前消费，想通过勤工俭学获取更多零花钱，提升日常消费能力。通过勤工俭学也可以接触社会，学生通过参与不同形式的工作与社会活动，达到锻炼劳动技能、增加社会阅历、丰富课余生活、提升综合素质等目的。

勤工俭学可以在以下方面发挥劳动教育的作用：

第一，培养学生的责任意识和服务意识，让学生感受工作环境、社交氛围，锻炼学生的生存能力。

第二，学生通过勤工俭学能够获得相应的报酬。一方面让学生体会到赚钱不易，树立正确的金钱观和消费观；另一方面让学生获得成就感，树立用劳动创造美好未来的信心。

第三，在劳动实践中让学生拓宽视野、增长见识、丰富阅历。培养学生热爱劳动、自强不息、创新创业的奋斗精神，提高学生综合素质，充分发挥育人功能。

勤工俭学是劳动教育活动的重要形式和组成部分。当前，勤工俭学还存在内容庞杂、形式繁多、制度不健全、管理不完善等问题，需要从组织管理、体制、产学研联动、学生宣传教育等角度不断加以完善。勤工俭学具有育人效益和经济效益，只有将勤工俭学与劳动教育理论和实践相结合，才能最大限度发挥勤工俭学的作用。

劳动教育与创新创业一样吗？

创新创业教育是以培养具有创业素养和创新个性的人才队伍为目标，以培养学生的创新精神、创业精神、创新创业综合素质能力为主的教育，同时还是面向全社会，针对拟创业、创业中、已创业的相关群体，分阶段、分层次的创新思维和创业能力教育。

创新创业教育包括四个方面的内容。（1）意识培养。教育内容是培养学生的创新意识和创新精神，使其了解创新创业人才的素质能力要求，了解创新创业的基本概念、特征等，掌握开展创新创业活动所需的基本知识。（2）能力提升。教育内容是培养学生的批判性思维、决断力、组织能力、分析能力和团队协作能力等与创新创业活动密切相关的能力，使其创新创业能力得到提升。（3）环境认知。教育内容是使学生充分了解当前的营商环境和行业发展情况，洞察创业风险、发现创新机会，掌握开发创新型商业模式的全流程，有针对性地进行策略设定和技巧优化等适应性调整。（4）实践模拟。教育内容是通过组织开展创新创业挑战赛、辅导创业方案制定、模拟开展实践活动等方式，鼓励学生亲身体验创新创业活动的各个环节，包括市场竞争分析、融资路演、企业主体设立和商业活动风险控制等。

创新创业教育的目的是培养创新创业人才。推进创新创业教育，是国家实施创新驱动发展战略、促进经济提质增效升级的迫切需要，是推进高等教育综合改革、促进高校毕业生更高质量创业就业的重要举措。《国务院办公厅关于深化高等学校创新创业教育改革的实施意见》文件指出，创新创业教育的深化过程要全面贯彻党的教育方针，落实立德树人根本任务，坚持创新引领创业、创业带动就业，主动适应经济发展新常态，以推进素质教育为主题，以提高人才培养质量为核心，以创新人才培养机制为重点，以完善条件和政策保障为支撑，促进高等教育与科技、经济、社会紧密结合，加快培养规模宏大、富有创新精神、勇于投身实践的创新创业人才队伍，不断提高高等教育对稳增长促改革调结构惠民生的贡献度，为建设创新型国家、实现"两个一百年"奋斗目标和中华民族伟大复兴的中国梦提供强大的人才智力支撑。

创新创业教育可以在以下三个方面发挥劳动教育的作用：

首先，创新创业教育和劳动教育都重视实践活动的重要性。创新创业教育有大量真实或虚拟的实践活动，既能激发学生的创新创业热情，帮助其积累实践经验、提升创新创业能力，又能在实践中培养学生的劳动意识，让其感受创新创业不易、珍惜劳动成果。

其次，创新创业教育以创新创业型人才培养为重点，重视创造性素质的培养，这也是劳动教育的重点内容。高等学校劳动教育的重点是使学生能够在劳动实践中创造性地解决问题。随着科技不断进步和社会智能化水平的提高，人类劳动活动的创新性、创造性特征日益凸显。因此，关注创造性素质培养的创新创业教育活动能凸显劳动教育的重点内容，发挥劳动教育的作用。

最后，创新创业教育能在培养学生三观方面发挥劳动教育的作用。劳动教育主旨之一是从精神层面帮助学生树立正确的劳动价值观，塑造热爱劳动的品质，培养"劳动光荣"的意识。创新创业教育则能在培养学生正确创业观念、认知社会环境、克服心理障碍、健全积极心态的过程中，发挥劳动教育的作用。

创新创业教育和劳动教育在立德树人、价值观培养、劳动实践等方面存在诸多融会贯通之处，但创新创业教育的出发点和落脚点是创造性素质的培养，不能兼顾劳动教育的各个方面。因此，创新创业教育是劳动教育的活动之一，但不是劳动教育的全部。

劳动教育实践基地是否需要统一标准？

中共中央、国务院发布的《关于全面加强新时代大中小学劳动教育的意见》指出，大力拓展实践场所，满足各级各类学校多样化劳动实践需求。充分利用现有综合实践基地、青少年校外活动场所、职业院校和普通高等学校劳动实践场所，建立健全开放共享机制。农村地区可安排相应土地、山林、草场等作为学农实践基地，城镇地区可确认一批企事业单位和社会机构，作为学生参加生产劳动、服务性劳动的实践场所。建立以县为主、政府统筹规划配置中小学（含中等职业学校）劳动教育资源的机制。进一步完善学校建设标准，学校逐步建好配齐劳动实践教室、实训基地。高等学校要充分发挥自身专业优势和服务社会功能，建立相对稳定的实习和劳动实践基地。根据各地区和学校实际，结合当地在自然、经济、文化等方面条件，充分挖掘行业企业、职业院校等可利用资源，宜工则工、宜农则农，采取多种方式开展劳动教育，避免"一刀切"。

教育部发布的《大中小学劳动教育指导纲要（试行）》强调依据各地实际，因地制宜实施，没有明确要求实践基地统一标准。

关于劳动教育的这两份文件是贯彻习近平总书记引领新时代的劳动教育

理念的重要举措，引发了社会各界对劳动教育的概念、内涵的讨论。然而，关于劳动教育基地的标准，目前还没有统一的、相对权威的定论。随着全民劳动教育实践活动的进一步深入，劳动教育的理论体系、实践形式会日趋完善，劳动教育基地的界定、规范和相关标准也会逐步健全。

以上内容表明，党和国家已经将新时代劳动教育的软任务变成硬指标，详细绘制了劳动教育的资源图谱，切实提高了劳动教育的可行性。

我国各地经济状况、地理气候、教育水平有较大差距，难以实现劳动教育基地标准的统一。我国地理区域广阔，南北气候、东西地形差异较大，各民族有自己独特的地方习俗和思想理念。中国北方干旱，冬季寒冷；南方多水，高温多雨。每年12月份，广州学生们在室外可以进行种植劳动，而黑龙江室外已经冰天雪地，劳动教育基地的内容无法同步。这就需要我们转变观念，因地制宜探索劳动教育基地建设标准。全国是否要实行统一的劳动教育基地建设标准，或者在哪些方面统一标准，哪些方面保留灵活性，还有待进一步讨论。

2020年以来，各地区陆续制定并发布了劳动教育的实施意见或举措，按照党中央、国务院的总体思路，做到总体步调一致，具体细节方面保有一定的灵活性。现阶段劳动教育实践基地的建设应当以中央政策文件精神为指引，不宜在细节上设定统一标准。当然，在各地的试点实践中可以不断积累经验，探索劳动教育实践基地在标准化空间模型、区域数量、生均建设面积等方面的统一标准。

各类劳动教育实践基地如何运营管理？

建设一个劳动教育基地，需要充分熟悉劳动教育政策，结合地域特色和教育实际情况。要结合各学段学生的特点，组织开展丰富多彩的劳动实践活动。除此以外，基地要统筹社会资源，形成系统的运营体系。

劳动教育基地一般有以下三种类型，在实践中可以因地制宜进行运营。

（1）学校开发，学校主导。

由学校进行统筹规划和课程设计。校内的劳动教育基地可以把现有的专业教室、校园农场、校园绿化等资源充分利用起来，让学生在其中开展适合的劳动活动项目。学校还可以对食堂、校园的卫生保洁等工作进行设计，将适合的项目交给学生做。学校要精心设计，方便学生在日常的校园生活中开展劳动实践。

建立家庭"原基地"。积极引导家庭通过设置家庭劳动日、开辟阳台微绿地等方式，为学生提供家务劳动的机会，办好家庭第一所人生学校，建好劳动教育第一个基地，扣好人生第一粒扣子。

建设"多点位"。一方面，建议学校落实校园、教室作为学生校内课外劳动第一基地的要求；另一方面，学校按照清单指引，统筹楼顶廊道、花园绿地、功能室等区域，按照至少容纳一个班级实践的标准，建立校内劳动实践微基地。

（2）校企合作开发，共同运营。

劳动教育要成为教育的常规内容并有效落实，必须形成系统化的课程，建立配套劳动教育基地。这两件事做好了，学校的劳动教育才有可能真正落地生根。由于劳动教育的对象包括从学前教育到大学阶段的学生，劳动教育实践基地或场所需要进行精心、系统的设计。学校和社区及企业相互配合、共同运营，可以保证劳动基地能够满足不同年龄段学生的劳动实践要求。

在和企业合作过程中，必须设定合理、高标准的门槛，从经营内容、工作流程、安全保障和接待规模四个方面提出准入条件，以劳动评价、建设条件、配套设施和周边资源为劳动教育基地选址评价指标体系。让企业提升服务质量，与学校共同开发符合学生要求的课程体系。

（3）企业开发并运营，学校购买服务。

校外劳动教育实践基地不仅要适用于农业种植、养殖等传统项目，还要适用于游学、研学等现代项目，因为新时代劳动教育的范围相对宽泛，只有这样才能让广大学生在更多领域体会劳动教育的实际意义。

成熟的企业有着全面的劳动教育基地运营体系。劳动教育基地有很多实践室，包括绘画室、创意编缝室、STEAM 教室、电商直播室等。与此对应，学校可以将国家课程校本化，将语文、数学、英语、美术、计算机等学科与基地活动结合起来，在基地开设涂鸦、走秀、3D 打印、电商直播、质检、编程等校本课程。学校也可以为企业提供思路，由企业开发运营，学校购买服务。

学校开发主导、校企合作、学校购买服务是具有典型性的劳动教育基地运营模式。无论采取哪种运营模式，抑或是分包分段管理的混合运营模式，都应结合学生的特点、地方特色，充分调动多方资源，做好基地运营策划，形成运营体系。

48 如何开展学生层面的劳动教育评价？

《关于全面加强新时代大中小学劳动教育的意见》（以下简称《意见》）指出劳动教育评价的基本导向：制定评价标准，建立激励机制，组织开展劳动技能和劳动成果展示、劳动竞赛等活动，全面客观记录课内外劳动过程和结果，加强实际劳动技能和价值体认情况的考核。将劳动素养纳入学生综合素质评价体系，作为衡量学生全面发展情况的重要内容，作为评优评先的重要参考和毕业依据。

《大中小学劳动教育指导纲要（试行）》（以下简称《纲要》）进一步指出：要在平时劳动教育实践活动中及时进行评价，以评价促进学生发展。将学生的平时表现纳入综合素质档案，作为学生学年评优评先的重要参考。对学生的劳动教育进行学段综合评价，要依据学段目标和内容，结合综合素质档案分析。在高中和大学开展劳动教育星级认证。高中学校和高等学校要将考核结果作为毕业依据之一。

各级各类学校需要充分研读以上两份文件，有针对性地开展学生层面的劳动教育评价。

（1）建立课程评价、活动评价。

探索建立劳动清单制度，从家务劳动、校内劳动、农场劳动和志愿服务公益劳动四个课程方面明确学生参加劳动的具体内容和要求。使劳动教育评价指导有章可循，在评价主体上实现学生自主评价和教师、家长、伙伴评价的多元融合。

（2）进行平时评价、学段评价。

面向全体，培养劳动兴趣。劳动兴趣是形成劳动素养的前提和基础。在劳动教育评价过程中，教师应面向全体学生进行积极评价，而不能只惠及优秀学生。普惠关注才能有效激发学生的劳动兴趣和主动性。教师要从多个角度评价不同学生在劳动实践中取得的进步，使每位学生都能体会到进步的快乐，达到以评促学的效果。为此，教师需时刻关注学生在劳动中的态度、成效以及时发现其进步和闪光点，做出评价，让学生感到劳动光荣、劳动有趣、劳动快乐，从而对劳动产生兴趣。

（3）关注过程，深化劳动体验。

学校要用发展的眼光看学生，劳动教育评价重在激发学生潜能，鼓励其在实践中养成良好的劳动习惯，树立正确的劳动价值观和劳动态度，从而不断提升动手实践能力和创新发展能力等。如此，才能帮助学生形成劳动素养，为将来的劳动做好准备。

（4）进行表现性评价。

学校可基于学生的劳动表现，考察学生的劳动态度和观念，促进学生树立正确的劳动观念。例如，在生活整理课程中，教师要根据学生的年龄段，设计不同的学习要求，让每个学生都有看得见的成长。学生的家庭劳动实践是课程的重要部分，学校可邀请家长对孩子的劳动状况做记录，以此为依据对孩子的态度、成果、进步做出评价，引导学生体验劳动的乐趣，端正劳动态度，树立正确的劳动价值观。

（5）融合学校、家庭和社会的评价意见。

实现从课堂育人到开放育人、从书本育人到生活育人、从知识育人到实践育人的成功转型，需要学校、家庭和社会的共同努力，以有形实践达成潜移默化之效应。劳动教育评价应由教师、家长和同伴等共同参与，借助学生自评、家长评价、同伴互评等形式，客观准确地评价学生的劳动。其中，教师作为劳动实践过程中的引导者，应考虑到学生的情绪，以激励为主，同时帮助学生发现自己的优点与不足，用评价促进反思，发挥评价的诊断和调节作用；社会和家庭应注重学生劳动习惯的养成，以监测和督促为主，帮助学生树立正确的劳动价值观。

唯有把握育人导向，遵循教育规律，创新体制机制，注重教育实效，实现知行合一，才能通过劳动教育评价促使学生形成正确的世界观、人生观、价值观和劳动观。

如何开展学校层面的劳动教育评价？

学校应做好学生的劳动教育认定记录，建立学生劳动教育评价手册和记录档案。学生因劳动教育表现突出、获得表彰奖励的，学校应及时予以记录。学生在本学段的劳动教育记录应如实完整归入学生综合素质档案。建议大学学段实行劳动教育认证评价制度，根据学生参加劳动教育的综合表现对其做出评价。

（1）评价目的。

客观反映学校劳动教育状况、学生劳动素养发展水平，深入分析影响劳动教育的相关因素，为改进学校劳动教育教学提供参考；引导学生树立正确劳动价值观、养成良好劳动习惯，提高创造性劳动能力；把劳动教育评价指标纳入学生综合素质评价体系，纠正以升学率和分数作为评价学校和学生的唯一标准的做法，促进学校教育质量综合评价纵深发展。

（2）评价理念。

立德树人、全面发展。把握育人导向，坚持立德树人根本任务，把劳动教育纳入人才培养全过程，知行合一，发挥劳动育人功能，着力提升学生综合素质，促进学生全面发展、健康成长。

强化过程、多元评价。关注学生成长过程。全面客观记录学生课内外劳动过程和结果，注重过程性评价与终结性评价相结合；评价内容多维度，评价方式、参与主体多元化。

科学规范、智慧评价。遵循教育评价的基本要求，严格规范评价方法程序，充分运用信息技术推进互联网＋劳动教育评价融合创新，促进评价大数据应用、智能化管理、常态化实施，确保评价结果客观精准。

强化应用、以评促学。将劳动教育指标纳入学生综合素质评价、教育质量综合评价体系，注重评价结果的科学应用，充分发挥评价的引导、诊断、改进与激励等功能，将学校劳动教育结果纳入绩效考核，促进劳动教育目标的有效达成。

（3）评价内容。

学校层面劳动教育评价指标的原则是以定期评价为主，以不定期评价为辅。

从劳动教育的师资、课程、教学内容、活动效果、实践基地运营水平等方面进行评价。在师资配置上，组织、培养专门的劳动教育师资人才队伍，根据学校规模和学生数量配置劳动教育课程教师。学校要围绕劳动教育教师的专业培训、教学任务安排、教学质量考核开展师资队伍建设工作。

课程设置上，设立劳动教育必修课程，优化综合实践活动课程结构。学校要对学生每天课外校外劳动时间做出规定。

教学设计上，充分利用周边的劳动教育课程资源，利用相关劳动实践基地在研学中开展主题式劳动教育。科学设立学年劳动周，可在学年内或寒暑假自主安排，小学低中年级以校园劳动为主，小学高年级和中学可适当走向社会、参与集中劳动。将劳动教育与德育、智育、美育、体育相融合，探索劳动教育新方法。

在特色活动方面，结合实际加强劳动教育校本课程开发，注重发挥特色活动课程的劳动教育功能。注重增加劳动知识、技能，加强家政学习，开展社区服务，适当参加生产劳动。同时，根据学生身体发育情况，科学设计课内外劳动活动，采取灵活多样形式，集中与分散相结合。坚持学生值日制度，组织学生参加校园劳动，将校外劳动纳入学校的教育工作计划，积极开展校外劳动。

在实践基地运营方面，完善学校建设标准。学校逐步建好配齐劳动实践教室，与综合实践基地、青少年校外活动场所等合作建立校外实训基地，配置相应设备和所需耗材，满足劳动教育需要。

注重过程性评价和终结性评价相结合的原则，将劳动素养纳入学生综合素质评价、教育质量综合评价体系，制定评价标准，建立激励机制和公示、审核制度。确保劳动教育能够落地，不是空喊口号。下一步，需要将劳动教育贯穿到各个学科的教育中，并加强老师的劳动教育培训。出台家庭是基础、学校为主导、社会做支撑的一系列政策措施。

劳动教育会纳入升学考核吗？

《意见》指出，"健全劳动素养评价制度。将劳动素养纳入学生综合素质评价体系，制定评价标准，建立激励机制，组织开展劳动技能和劳动成果展示、劳动竞赛等活动，全面客观记录课内外劳动过程和结果，加强实际劳动技能和价值体认情况的考核。建立公示、审核制度，确保记录真实可靠。把劳动素养评价结果作为衡量学生全面发展情况的重要内容，作为评优评先的重要参考和毕业依据，作为高一级学校录取的重要参考或依据"。

《纲要》从平时表现评价、学段综合评价、开展学生劳动素养监测三方面进一步明确劳动教育评价的内容，在学段综合评价中，"学段结束时，要依据学段目标和内容，结合综合素质档案分析，兼顾必修课学习和课外劳动实践，对劳动观念、劳动能力、劳动精神、劳动习惯和品质等劳动素养发展状况进行综合评定。建立诚信机制，实行写实记录抽查制度，对弄虚作假者在评优评先方面一票否决，性质严重的应依法依规严肃处理。在高中和大学开展志愿者星级认证。高中学校和高等学校要将考核结果作为毕业依据之一。推动将学段综合评价结果作为学生升学、就业的重要参考"。

可以看出，《意见》和《纲要》暂未明确指出将劳动教育作为升学考核的指标之一，但已经提出把包含劳动教育指标的学段综合评价结果作为升学考核的重要参考。

2020年3月，教育部基础教育司有关负责人表示，将指导各地各校发挥考核评价的正面引导作用，将劳动素养纳入学生综合素质评价体系；结合考试招生制度改革，探索完善学生劳动评价制度，把中小学生劳动教育的考核结果记入学生综合素质档案，实现劳动教育可记录、可追溯、可评价，并将其作为升学、评优的重要参考依据；要将学校劳动教育实施情况纳入中小学责任督学挂牌督导内容，定期开展劳动教育督导。①

《意见》和《纲要》发布之后，有不少省（自治区、直辖市）发布劳动教育实施意见或措施，将劳动教育作为升学录取的重要参考和依据。2021年1月，天津市委办公厅和市政府办公厅联合印发《关于全面加强新时代大中小学劳动教育的若干措施》，通过21条举措积极构建德智体美劳全面培养的教育体系。天津将"建立劳动教育信息化评价系统，运用大数据、云平台、物联网等现代信息技术手段，全面客观记录学生课内外劳动过程和结果，开展劳动教育过程监测与纪实评价，建立公示、审核制度，确保记录真实可靠。充分发挥评价的育人导向和反馈改进功能，将劳动素养评价结果作为衡量学生全面发展情况的重要内容，作为评优评先的重要参考和毕业依据，作为高一级学校录取的重要参考或依据"。2021年6月，江西省教育厅发布《江西省推进新时代大中小幼劳动教育一体化实施方案》，指出"把劳动教育评价纳入学生综合素质评价体系，把学生参加劳动教育情况计入学生综合素质档案，作为学生评优评先、中招和高招录取的重要参考以及毕业依据之一"。

现阶段，各地区、各级各类学校还在探索劳动教育的评价体系，劳动教育究竟是参考智育、体育，设置各类课程，以课程考试的分数为评价标准，还是参考德育、美育，以综合评价为主，目前还没有达成明确的共识，因此近期将劳动教育纳入统一的升学考核指标还存在一定困难。随着考核方法的成熟，劳动教育可能被纳入升学考核范围。

近期，优质学校招生时会考察学生的综合素质，如果学生在劳动教育方面表现突出，则有可能被名校录取。在自主招生院校的升学考核中，可能引入劳动教育考核指标，将劳动教育评价结果作为重要的录取条件之一。

---

① 任敏. 中小学劳动教育课每周不少于1课时. 北京晚报，2020-03-27.

第五篇

学校劳动教育（二）

小学劳动教育的内容和要求有哪些？

《关于全面加强新时代大中小学劳动教育的意见》（以下简称《意见》）要求小学低年级注重围绕劳动意识的启蒙，让学生学习日常生活自理，感知劳动乐趣，知道人人都要劳动。小学中高年级注重围绕卫生、劳动习惯养成，让学生做好个人清洁卫生，主动分担家务，适当参加校内外公益活动，学会与他人合作劳动，体会到劳动光荣。2020年7月，教育部印发了《大中小学劳动教育指导纲要（试行）》（以下简称《纲要》），要求小学低年级，以个人生活起居为主要内容，开展劳动教育，注重培养劳动意识和劳动安全意识，使学生懂得人人都要劳动，感知劳动乐趣，爱惜劳动成果。指导学生：（1）完成个人物品整理、清洗，进行简单的家庭清扫和垃圾分类等，树立自己的事情自己做的意识，提高生活自理能力；（2）参与适当的班级集体活动，主动维护教室内外环境卫生等，培养集体荣誉感；（3）进行简单手工制作，照顾身边的动植物，关爱生命，热爱自然。

各地区各级各类学校需根据实际情况安排不同的劳动内容、劳动项目和组织形式。小学劳动教育最基本的内容是家务劳动和校内外劳动。

一是家务劳动。可以组织学生进行简单的家务劳动，比如整理房间、收纳个人物品、垃圾分类等；进行简单的手工制作，也可以在家洗菜洗碗、修剪绿植；培养学生的生活自理能力，养成手脑并用的好习惯，保持对大自然的热情。

二是校园劳动。教师带领学生进行大扫除，学生主动整理教室公共物品，帮助同学收拾物品，培养学生的集体荣誉感，增进师生、学生之间的感情。

另外，还可以请当地有经验的工人、农民、军人、科学技术人员对学生的劳动进行指导。

三是校外劳动。学校组织学生到野外摘果子、挖红薯、摘青菜等，学生亲手采摘的果实可以拿回家做成餐品。这种校外劳动教育活动，不仅让学生参与整个劳动过程，还可以让学生品尝到劳动的成果。

劳动可以促进儿童的智力发展，使儿童更好地理解事物之间的联系。小学生接受劳动教育的意识普遍薄弱，学校和家庭进行劳动教育的活动不太宽泛，规范性还不够。新时代加强劳动教育，可以发展儿童的才能和爱好，需要学校和家庭组织更加丰富的活动，并规范活动形式。在活动过程中，教师和家长需要严格管理劳动安全与实施流程，同时边劳动边讲解劳动的意义，做到"有劳动有教育"，引导学生意识到每个劳动者都值得尊敬，任何劳动都值得尊重。

52 小学劳动教育依托什么课程和活动？

《意见》要求小学设立劳动教育必修课程，系统加强劳动教育。小学劳动教育课每周不少于1课时，学校要对学生每天课外校外劳动时间作出规定。小学需开展劳动教育实践活动，每学年设立劳动周，劳动周可在学年内或寒暑假自主安排，以集体劳动为主。

　　小学劳动教育主要依托的课程有"劳动""劳动与技术""科学""信息技术"。"劳动"课程注重劳动素养的培养，从劳动观念、劳动精神、劳动能力、劳动习惯与劳动品质等维度形成劳动素养体系，并以培养和发展学生的劳动素养为目标，构建与之相匹配的内容体系、学习方式。把握劳动素养的层级性，针对不同年龄段提出不同的要求。"劳动与技术"或"科学"课程包括贴近新时代、贴合学生生活实际的劳动活动，关注劳动精神、劳动榜样人物等内容，涉及职业体验、公益劳动、志愿服务等领域，从而充分发挥劳动在个人与社会之间的纽带作用，实现树德、增智、强体、育美的目的。"信息技术"课程以使小学生初步掌握计算机基础知识、基本操作、指法练习、图形变换、文字处理为目的，运用活泼有趣的教学软件，结合计算机课程实用性和时效性强的特点。本课程涵盖信息技术的方方面面，内容按模块化、结构化的思路设计，符合计算机技术的原理和发展方向，可培养学生的实操能力和实践技能。

　　小学劳动教育的活动包括家务劳动、校内劳动、校外劳动三大类。《纲要》要求，小学 1～2 年级每周课外活动和家庭生活中的劳动时间不少于 2 小时，其他年级不少于 3 小时。

　　家务劳动方面，除了家庭主动为孩子安排的叠衣、扫地、洗碗等家务劳动外，学校亦需要引导孩子开展相关家务劳动，以图片形式留存，适时让学生在班上分享所做家务的种类、频率、过程和感受。

　　校内劳动方面，学校可以组织社团文化节活动，举办以动手操作为主题的活动，比如低年级学生可以制作陶艺品、不倒翁、降落伞、风筝等，将成品摆放在家里或者学校。高年级同学可以参加信息技术活动，比如计算机绘画展示、打字能手挑战赛、校园安全海报设计等活动。对于低年级学生，可以举办"生活自理我能行""争当集体劳动小能手""美化校园我快乐"等活动；对于高年级学生，可以举办"我是校园志愿者""学习身边的小雷锋"等活动。

　　校外劳动方面，学生在教师的指导下进行社会服务工作，走出教室，参与社会活动，以自己的劳动满足社会组织或他人的需要，如公益活动、志愿服务、勤工俭学等。在校外劳动中，学生在满足被服务者需要的过程中，强化相关知识技能的学习，提升实践能力，成为履职尽责、敢于担当的人。学生可以走进农业基地，了解蔬果成长的过程，领略四季的交替变化和劳动带来收获的幸福感；可以走进军营，参观警卫室，学习整理内务，参观军营，了解军人，树立自立自强自信的观念。社会服务的关键要素包括：明确服务对象与需要；制定服务活动计划；开展服务行动；反思服务经历，分享活动经验。学校可与社区联合举办"我为社区做清洁""我为社区志愿服务"等主题活动。

对小学高年级学生，可以组织研学旅行活动，在教师的指导下，从自然、社会和学生生活中选择和确定研究主题，开展研究性学习，在观察和思考中获取知识，积累生活经验，主动分析并解决生活中的实际问题。比如，野外考察、社会调研等活动可以拓展学生的视野，使学生在劳动实践中发现大自然的秘密。

初中劳动教育的内容和要求有哪些？

《意见》规定，初中要注重围绕增加劳动知识、技能，加强家政学习，开展社区服务，适当参加生产劳动，使学生初步养成认真负责、吃苦耐劳的品质和职业意识。《纲要》要求初中兼顾家政学习、校内外生产劳动、服务性劳动，安排劳动教育内容，开展职业启蒙教育，体会劳动创造美好生活，养成认真负责、吃苦耐劳的劳动品质和安全意识，增强公共服务意识和担当精神。让学生：（1）承担一定的家庭日常清洁、烹饪、家居美化等劳动，进一步培养生活自理能力和习惯，增强家庭责任意识；（2）定期开展校园包干区域保洁和美化，以及助残、敬老、扶弱等服务性劳动，初步形成对学校、社区负责的态度和社会公德意识；（3）适当体验包括金工、木工、电工、陶艺、布艺等项目在内的劳动及传统工作制作过程，尝试家用器具、家具、电器的简单修理，参与种植、养殖等生产活动，学习相关技术，获得初步的职业体验，形成初步的生涯规划意识。

在家务劳动中，学生每周至少参加两次大扫除，整理自己的物品，家长进行评分，可以给予孩子一定的奖励；可以学习烹饪，主动参与购买食材、摘菜、洗菜、做饭的全过程，每周为爸爸妈妈做一顿饭，这不但可以提升孩子的烹饪水平，还可以增进家庭成员之间的感情。

在生产性劳动中，学生可体验农业、工业、交通运输业、建筑业等行业的劳动。如在农村地区，可开展"农耕教育进校园"劳动教育活动，利用校园内的空闲地块开辟劳动实践基地，推出以学习农业生产知识为内容的劳动课堂，让孩子们在亲近自然、体验农耕中增长知识，养成热爱劳动的习惯。在城镇，可借助工商企业力量，适时举办"工业产品展示进校园""建筑沙盘展示"等活动，激发学生对工业生产、建筑生产的兴趣，体会工人劳动的艰辛。

在社会服务方面，学生可以参与社区公益服务活动，帮助社区工作人员统计资料、为社区做宣传、给社区打扫卫生等，形成对社区负责的态度和社会公德意识。

与小学生相比，初中生在劳动教育方面迈上一个新台阶，需要承担更多、更复杂的家务劳动，通过家务劳动增强劳动观念；在接触校外的生产劳动、增长知识的同时，懂得尊重劳动以及劳动者；在亲自参与社会服务的过程中，增强社会责任感和服务意识。初中生还可以进行一些职业体验，初步了解未来的职业方向。

初中劳动教育依托什么课程和活动？

《意见》要求，中学需要设立劳动教育必修课程，系统加强劳动教育。中学劳动教育课每周不少于1课时，学校要对学生每天课外校外劳动时间作出规定。中学需开展劳动教育实践活动，每学年设立劳动周，可以在学年内或寒暑假自主安排，以集体劳动为主。

《意见》强调全面贯彻党的教育方针，坚持立德树人，把劳动教育纳入人才培养的全过程，贯穿大中小学各学段，贯穿家庭、学校、社会各方面。在课程与活动的设计方面，学校和教师要根据综合实践活动的目标，从价值体认、责任担当、问题解决、创意物化等方面加强全面育人效果。中学

　　劳动教育课程安排是劳动教育实施的主体，在课时安排上，初中平均每周不少于1课时。各学校要切实保证综合实践活动时间，在开足规定课时总数的前提下，根据具体活动需要，把课时的集中使用与分散使用有机结合起来。要根据学生活动主题的特点和需要，灵活安排、有效使用综合实践活动时间。学校要给予学生广阔时空环境，保证学生活动的连续性和长期性。要处理好课内与课外的关系，合理安排时间并拓展学生的活动空间与学习场域。

　　初中劳动教育主要依托"劳动技术教育""计算机"等课程。"劳动技术教育"课程主要介绍烹饪、木工、电工、风筝制作等活动，通过劳动体验，培养学生的动手能力，增强艰苦朴素、热爱劳动的意识。学生通过参与种植、工具制作、生活服务等活动，为以后的生活和工作打下基础。依托"计算机"课程，学生了解计算机基础知识和操作过程。将计算机操作与专业课相结合，可以培养学生的逻辑思维能力和实操能力，提高学生的综合素质。

　　初中劳动教育综合实践活动包括调查研究、社会服务等。在调查研究方面，可以设置环境污染问题研究、秸秆和落叶的有效处理、生物资源调查及多样性保护、传统文化研究等主题活动。在社会服务方面，可以设置走进社区、走进养老院、参与垃圾分类宣传、"交通秩序我维护"、"家里农忙我帮忙"等主题活动。在信息技术方面，可以设置"组装我的计算机""我是三维设计师""制作我的动画片""走进程序世界"等主题活动。在劳动技术方面，可以设置多彩布艺世界、电子相册制作、3D设计与打印等主题活动。

　　学生需要切实了解职业生活，发现自己的专长，培养职业兴趣，形成正确的劳动观念和人生志向，提升生涯规划能力。职业体验的关键要素包括：选择或设计职业情境，实际岗位演练；

总结、反思和交流实习经历；概括提炼经验。初中生可以策划校园文化活动、职业调查与体验、走进现代农业技术等主题活动。

初中研学旅行要做到"活动有方案、行前有备案，应急有预案"，在实践中探索生活的规律。活动前做好调研计划，注重观察对象和方法；活动过程中，应准备应急预案，关注工具的使用方法，思考出现的问题；活动结束后，要及时总结实践活动的意义，明白劳动提升动手能力的道理。通过研学旅行，让学生学会学习生活，学习做人做事，培养正确的劳动观、人生观、世界观。

高中劳动教育的内容和要求有哪些？

《意见》规定，普通高中要注重围绕丰富职业体验，开展服务性劳动、参加生产劳动，使学生熟练掌握一定劳动技能，理解劳动创造价值，具有劳动自立意识和主动服务他人、服务社会的情怀。《纲要》指出，高中要注重围绕丰富职业体验，开展服务性劳动和生产劳动，理解劳动创造价值，接受锻炼、磨炼意志，具有劳动自立意识和主动服务他人、服务社会的情怀。指导学生：（1）持续开展日常生活劳动，增强生活自理能力，固化良好劳动习惯；（2）选择服务性岗位，经历真实的岗位工作过程，获得真切的职业体验，培养职业兴趣；积极参加大型赛事、社区建设、环境保护等公益活动、志愿服务，强化社会责任意识和奉献精神；（3）统筹劳动教育与通用技术课程相关内容，从工业、农业、现代服务业以及中华优秀传统文化特色项目中，自主选择1～2项生产劳动，经历完整的实践过程，提高创意物化能力，养成吃苦耐劳、精益求精的品质，增强生涯规划意识和能力。

根据《意见》和《纲要》的内容，高中要制定适合自身发展的劳动教育文件或方案，根据学校特色认真落实劳动教育方案，开设好劳动教育课程，开展好劳动教育实践活动。在课程方面，高中需要依托"通用技术"课程，将劳动教育与文化课相结合，根据学生未来就业发展需求，适当加入与职业有关的劳动教育内容，讲解专业之间的差别，介绍不同职业的区别，以便学生了解不同的职业特性，选择更适合自己的专业。在课堂之外，学校可以组织学生参加劳模讲座，开展与劳模面对面交流的活动，观看大国工匠纪录片，在学生心中树立劳模精神和工匠精神的标杆；鼓励学生在重大疫情或公共灾害发生时积极主动参与志愿服务，在保障自身安全的同时服务社会。

劳育师资是开设劳动教育课程、开展劳动教育活动、进行劳动教育评价的执行者，是劳动教育各项工作有序推进的必备力量。高中阶段应配备劳动教育师资，开展相关的培训，不断提高教师教学水平。要根据高中生的个人发展和职业规划以及劳动教育课程的需求配备教师。学校可以遴选校企合作单位的技术人员、劳模或大国工匠作为劳动教育的兼职教师。

高中生要在社会活动中体验不同职业，明确自己的职业理想。高中生的学习任务比较繁重，组织与学习相结合的劳动活动可以达到劳逸结合、提高学习效率的效果。很多高中存在有劳育课不开课、将劳育课调为文化课的现象，这削弱了劳动教育的意义，亟待纠正。应该把劳动活动和学习充分融合，让学生在劳动中成长。

高中劳动教育依托什么课程和活动？

《纲要》要求，高中独立开设劳动教育必修课程，平均每周不少于1课时，用于活动策划、技能指导、练习实践、总结交流等，与通用技术和地方课程、校本课程等有关内容进行必要统筹。在学科专业中有机渗透劳动教育，高中政治、语文、历史等学科要有重点地纳入劳动创造人本身、劳动创造历史、劳动创造世界、劳动不分贵贱等马克思主义劳动观，纳入歌颂劳模、歌颂普通劳动者的选文选材，纳入阐释勤劳、节俭、艰苦奋斗等中华民族优良传统的内容，加强对学生辛勤劳动、诚实劳动、合法劳动等方面的教育。数学、科学、地理、技术、体育与健康等学科要注重培养学生劳动的科学态度、规范意识、效率观念和创新精神。在课外校外活动中安排劳动实践，将劳动教育与学生的个人生活、校园生活和社会生活有机结合起来，丰富劳动体验，提高劳动能力，深化对劳动价值的理解。在校园文化建设中强化劳动文化，学校要将劳动习惯、劳动品质的养成教育融入校园文化建设之中，通过制定劳动公约、每日劳动常规、学期劳动任务单，采取与劳动教育有关的兴趣小组、社团等组织形式，结合植树节、学雷锋纪念日、"五一"劳动节、农民丰收节、志愿日等，开展丰富的劳动主题教育活动，营造劳动光荣、创造伟大的校园文化。

课堂教学是劳动教育的主阵地之一。高中劳动教育主要依托"通用技术"课程，该课程主要讲解信息技术发展方面的内容，引领学生在实践中了解劳动工具属性及使用方法，尝试独立完成模型或产品的制作、装配及测试，培养学生的动手实践能力和创造力。除此之外，高中阶段要在相关学科教学中融入劳动教育。

人文学科一般围绕特定专题，"政治"课主要培养学生的政治素养，在对学生进行品德教育的同时，培养学生的劳动观、人生观、世界观。"历史"这门课程以时间轴为线索，介绍历史事件，相关人物在历史中的角色，以及人类劳动在历史中的作用。"地理"课涵盖人类对地理景观、人文景观和信息技术的认识，目的是提高学生走向自然界、探索发现自然的意愿和兴趣。

自然学科要求教师在课堂教学中高度重视演示实验，激发学生动手操作的兴趣，初步形成一定的劳动技能。为引导学生将劳动知识和技能应用到生活中，教师须着眼于学生核心素养，有目的、有计划、有步骤、分层次地布置课外劳动作业，提高学生的应用能力。如物理课后，可让学生通过使用锤、锉、锯、钳等工具，将想法或创意付诸实践，自制杠杆、天平、水火箭等小物件。让学生通过对作品的不断完善领悟到工匠精神。

高中应组织社会调研活动，采取社会调查、野外考察、研学旅行等方式，提升学生实践能力，增强学生社会责任感；立足于校外劳动教育基地，组织学生开展探访贫困家庭、垃圾分类、帮扶老人、服务社区等志愿活动，让学生通过各类公益实践形成主动服务他人、服务社会的意识。

高中可组织文化社团活动，打造艺术节、文化节、读书节、科技节、体育节等，让劳动教育落地生根。如科技节围绕"科技创新，筑梦成长"主题，让学生在发现问题、设计方案、制作作品的过程中，形成技术与工程思维，强化劳动体验，培育劳动技能。

当下普通高中劳动教育的应用性、实践性课程相对欠缺，在开展劳动教育的过程中，学校逐步通过应用式学习、项目式学习、操作式学习等形式弥补现有课程体系的缺陷。

职业院校劳动教育的内容和要求有哪些？

《意见》提出，根据各学段特点，在大中小学设立劳动教育必修课程，系统加强劳动教育。职业院校以实习实训课为主要载体开展劳动教育，其中劳动精神、劳模精神、工匠精神专题教育不少于 16 学时。根据教育目标，针对不同学段、类型学生特点，以日常生活劳动、生产劳动和服务性劳动为主要内容开展劳动教育。结合产业新业态、劳动新形态，注重选择新型服务性劳动的内容。其中，中等职业学校重点是结合专业人才培养，增强学生职业荣誉感，提高职业技能水平，培育学生精益求精的工匠精神和爱岗敬业的劳动态度。

《纲要》指出，职业院校重点结合专业特点，增强职业荣誉感和责任感，提高职业劳动技能水平，培育积极向上的劳动精神和认真负责的劳动态度。组织学生：（1）持续开展日常生活劳动，自我管理生活，提高劳动自立自强的意识和能力；（2）定期开展校内外公益服务性劳动，做好校园环境秩序维护，运用专业技能为社会、为他人提供相关公益服务，培育社会公德，厚植爱国爱民的情怀；（3）依托实习实训，参与真实的生产劳动和服务性劳动，增强职业认同感和劳动自豪感，提升创意物化能力，培育不断探索、精益求精、追求卓越的工匠精神和爱岗敬业的劳动态度，坚信"三百六十行，行行出状元"，体认劳动不分贵贱，任何职业都很光荣，都能出彩。

《意见》和《纲要》指出，劳动教育的内容包括日常生活劳动、生产劳动和服务性劳动中的知识、技能和价值观。职业院校学生的劳动思想教育与劳动价值观教育密切相关。劳动思想教育的目的是培养正确的劳动价值观，树立积极向上的劳动精神面貌。劳动知识和技能教育与职业发展直接相关。劳动实践锻炼对职业院校尤为重要，需要优化实践内容、流程和管理制度。新时代职业院校劳动教育需要贯彻《意见》和《纲要》的精神，顺应企业和行业发展需求，强化培养劳动知识、技能和价值观，并通过校内外实践活动培养学生的劳动精神、劳模精神和工匠精神。

（1）强化职业院校学生劳动知识与技能的教育。

劳动知识与技能是学生参与社会分工、加入产业工人队伍的基础。劳动知识既包括与专业相关的劳动规范和技能知识，也包括与劳动有关的知识，因此有必要开设专门的劳动通识课程，以理论讲授为主，以参观交流与实践为辅。劳动技能是一项或几项专业技能，需要在专门的实训课程中学习，在校内外实践活动中锻炼提高。

（2）优化职业院校学生关于劳动实践的教育。

劳动实践教育是一项综合教育，是对前期劳动知识、技能和价值观的检验和提升。劳动实践教育一般包括校内外的公益劳动或志愿服务、创新创业和校外顶岗实习。

（3）丰富公益劳动和志愿服务活动的种类。

公益劳动和志愿服务的目的是锻炼能力、服务社会。学生通过参与这样的劳动实践，为社会发展做出贡献，向他人传递爱心，传播正能量，让更多的人参与劳动实践活动。学生的劳动精神得到升华，"淡泊名利，甘于奉献"的劳模精神得到传承。公益劳动与志愿服务还可以让学生增长见识，磨炼意志，丰富和提高劳动技能。

（4）拓展创新创业教育。

创新创业是社会进步的重要力量，职业院校学生拥有创新的勇气和创业的梦想，在掌握一定知识和技能的基础上，在学校政策的支持和专业教师的指导下，有可能创建有价值的商业项目，成为推动行业发展的力量。创新创业活动可以激发学生的创新创造力，提高学生的专业能力和适应社会的能力，帮助学生成为一名优秀的高素质劳动者。

（5）优化校外顶岗实习，培养学生的劳动价值观。

基于职业的不同分工培养学生的社会责任感，让学生树立正确的人生观、价值观和职业观；培养学生的劳动精神、劳模精神和工匠精神，让学生体会劳动创造价值、劳动最光荣、劳动创造美好人生的道理。突出顶岗实习的重要性，在实习前，企业导师做好动员，帮助学生选择适合自己的岗位，定好目标，确定实习的初衷，以饱满的热情投身工作；学生在实习过程中会遇到不同的难题，导师要给予充分的指导，让学生体会到职业带来的幸福感；在实习结束后，让学生及时完成顶岗实习报告，从遇到问题到解决问题，从对职业认知不清到对职业有更全面的了解，加深对劳动和职业的认识。

 58

职业院校劳动教育依托什么课程和活动？

新时代对劳动教育提出新的更高的要求，职业院校要打破之前的劳动教育零散局面，整合校内外资源，从机构、课程、师资、基地和评价等方面构建劳动教育实施体系，促进劳动教育落地生根并产生实效，成为德智体美教育的土壤和支撑力量。

职业院校开设劳动教育通识课，需要以劳动精神、劳模精神和工匠精神为引领，全面讲授劳动安全、劳动组织、劳动法律、劳动经济、劳动与社会保障等内容，使学生形成关于未来就业场景的全面认识，以积极的态度掌握劳动技能，以正确的劳动价值观指导工作，表现出积极向上的劳动精神面貌。具体而言，劳动教育通识课需涵盖思想政治教育、职业精神教育、技术技能教育和通识知识教育，将劳动教育纳入人才培养全过程，使学生在职业选择和就业体验的基础上，对自己的职业保持热爱与忠诚。除此之外，开设劳动教育讲座。职业院校劳动教育讲座主要围绕劳动精神、劳模精神、工匠精神等专题，让学生理解平凡劳动中彰显的劳模精神，营造崇尚劳动、热爱劳动、辛勤劳动的校园氛围。

职业院校普遍有专门的校内实训场地或教室，开设有专门的技能课程。实训课程承担着培养多样化人才、传承技术技能、促进就业创业的重要职责，通过实训操作，可以培养社会责任感，提升学生技能水平。有些职业院校有仿真实训中心，学生在实训教室系统学习后，可以到仿真实训中心进一步锻炼提高。比如，中国劳动关系学院酒店管理专业不仅有专门的茶艺教室、调酒教室、烹饪教室、房务教室，还有专门的酒店实训中心，该中心仅在财务方面与真实酒店不同。学生在各个实训教室系统学习后，到酒店实训中心进行体验，感受真实的工作氛围，为下一步到校外酒店实习积累经验。

职业学院可组织校内外志愿活动，校内志愿活动如校园卫生清洁、会务服务、摆放自行车、整理图书、发放相关物品等。校外志愿活动如社区服务、街道服务、会议服务等。倡导所有学生按兴趣参加一定数量的校内外志愿活动，记录志愿时长，评选志愿之星，给予一定奖励。

校内外专业竞赛和"1+X"证书是提升劳动技能的重要方式。职业院校普遍有以赛促教、以赛促学的传统，差异在于竞赛活动的丰富程度和学生的参与度，以及竞赛是否与"1+X"证书挂钩，是否有利于学生考取专业技能证书等。竞赛对知识和技能的促进作用有三方面：一是提高学生的自学能力，通过竞赛查漏补缺，在之后的学习中更有针对性；二是提供一种激励方式，通过对优胜者进行奖励，增加学生的学习热情和自信心；三是通过规范的竞赛模式，培养学生争创一流、艰苦奋斗、精益求精、追求卓越的劳模精神和工匠精神。推广"1+X"证书可以大幅提升学生锻炼技能的积极性和就业竞争力。

顶岗实习是职业院校劳动教育的重要组成部分。职业院校需要优化顶岗实习的管理，使学生在实习中学习劳动技能，磨炼意志品质，提升劳动素养和职业素养，加深对职业和行业的认识，成为专业化人才。

59 高校劳动教育的内容和要求有哪些？

《意见》指出，高等学校要注重围绕创新创业，结合学科和专业积极开展实习实训、专业服务、社会实践、勤工助学等，重视新知识、新技术、新工艺、新方法应用，创造性地解决实际问题，使学生增强诚实劳动意识，积累职业经验，提升就业创业能力，树立正确择业观，具有到艰苦地区和行业工作的奋斗精神，懂得空谈误国、实干兴邦的深刻道理；注重培育公共服务意识，使学生具有面对重大疫情、灾害等危机主动作为的奉献精神。

《纲要》指出，高等学校要强化马克思主义劳动观教育，注重围绕创新创业，结合学科专业开展生产劳动和服务性劳动，积累职业经验，培育创造性劳动能力和诚实守信的合法劳动意识。使学生：（1）掌握通用劳动科学知识，深刻理解马克思主义劳动观和社会主义劳动关系，树立正确的择业就业创业观，具有到艰苦地区和行业工作的奋斗精神；（2）巩固良好日常生活劳动习惯，自觉做好宿舍卫生保洁，独立处理个人生活事务，积极参加勤工助学活动，提高劳动自立自强能力；（3）强化服务性劳动，自觉参与教室、食堂、校园场所的卫生保洁、绿化美化和管理服务等，结合"三支一扶"、大学生志愿服务西部计划、"青年红色筑梦之旅"、"三下乡"等社会实践活动开展服务性劳动，强化公共服务意识和面对重大疫情、灾害等危机主动作为的奉献精神；（4）重视生产劳动锻炼，积极参加实习实训、专业服务和创新创业活动，重视新知识、新技术、新工艺、新方法的运用，提高在生产实践中发现问题和创造性解决问题的能力，在动手实践的过程中创造有价值的物化劳动成果。

高校劳动教育是高等教育人才培养体系的重要组成部分，是顺应新时代劳动发展趋势对大学生进行系统的劳动思想教育、劳动技能培育与劳动实践锻炼，全面提高大学生劳动素养的过程，其目的是引导新时代大学生在劳动创造中追求幸福感、获得创新灵感，培养具有社会责任感、创新精神和实践能力的高级专门人才。[①]

在地位上，高校劳动教育应成为人才培养体系的专门部分。高等教育主要培养服务各行各业的高级专门人才，是高素质劳动者大军培养的直接出口。因此，高校劳动教育在依托专业教育强化劳动知识与技能培养的同时，还需要依托专门的体系，强化大学生劳动价值观、劳动情感态度、劳动伦理责任、劳动权益意识等方面劳动素养的培养。

在内容上，高校劳动教育应反映新时代劳动发展趋势。在新时代，劳动的内容会越来越丰富多彩；劳动形式会越来越富于变化；劳动者的流动性会逐渐增加；劳动者的体力支出会越来越少，智力支出会越来越多；劳动仍然是人们谋生的重要手段，但其乐生性将逐渐成为重要内容。这一系列新变化要求新时代高校劳动教育做出新的呼应、增添新的内容。

在形态上，高校劳动教育表现为劳动思想教育、劳动技能培育与劳动实践锻炼三大任务领域。其中，劳动思想教育凸显劳动教育的德育属性，大学生劳动价值观、劳动情感态度、劳动伦理责任、劳动权益意识等方面的培养均属于劳动思想教育范畴。劳动技能培育凸显劳动教育的智育价值，大学各专业的实习实训、产教融合等虽不乏劳动思想教育的价值，但亦需加强劳动技能的培育。劳动实践锻炼强调劳动教育的"体知"特点，旨在引导学生在

---

① 曲霞，刘向兵. 新时代高校劳动教育的内涵辨析与体系建构. 中国高教研究，2019（2）：73-77.

广阔的生产劳动与社会实践中磨练意志、增长才干、提高素质、培养社会责任感。这三大任务领域各有侧重，又相互影响、相互促进，体现了高校劳动教育是理论学习与实践训练相结合的过程。

在目标上，高校劳动教育以全面提升大学生劳动素养为主要关注点。高校劳动教育的三大任务领域——劳动思想教育、劳动技能培育、劳动实践锻炼——均以全面提升大学生劳动素养为根本着眼点。换言之，大学育人的各个环节中，思想政治教育、专业教育、实习实训、创新创业教育、就业指导、社会实践、志愿服务、产教融合等都含有劳动教育的基因，但如果这些育人环节的关注点主要是知识技能本身的学习、巩固和运用，或一般意义上的道德养成，而非劳动素养的提升的话，严格地说，不能视为真正的劳动教育。

高校劳动教育依托什么课程和活动？

《纲要》要求普通高等学校将劳动教育有机纳入专业教育、创新创业教育，不断深化产教融合，强化劳动锻炼要求，加强高等学校与行业骨干企业、高新企业、中小微企业紧密协同，推动人才培养模式改革。专业类课程主要与服务学习、实习实训、科学实验、社会实践、毕业设计等相结合开展各类劳动实践，注重分析相关劳动形态发展趋势，强化劳动品质培养。在公共必修课中，要进一步强化马克思主义劳动观教育、劳动相关法律法规与政策教育。在课外校外活动中安排劳动实践。将劳动教育与学生的个人生活、校园生活和社会生活有机结合起来，丰富劳动体验，提高劳动能力，深化对劳动价值的理解。高校每学年设立劳动周，采用专题讲座、主题演讲、劳动技能竞赛、劳动成果展示、劳动项目实践等形式进行。高校兼顾校内外，可在学年内或寒暑假安排，以集体劳动为主，由学校组织实施。高校也可安排劳动月，集中落实各学年劳动周要求。

高校需专门开设劳动教育通识课程，如"劳动科学概论""劳动概论""劳动教育通论"。大、中、小学劳动教育应是爱劳动、会劳动、懂劳动的三部曲。与中小学生相比，大学生在爱劳动、会劳动的同时，还应懂劳动，"明劳动之理"。因此，高校应有专门的劳育类通识课程，向大学生系统介绍劳动法律、劳动关系、劳动经济、劳动社会保障、劳动安全、劳动文化、劳动心理、职业卫生等各门劳动科学基础知识。通过此类课程的学习，让学生系统学习劳动科学知识，树立马克思主义劳动观，正确认识劳动的现象和本质，正确理解劳动与社会关系，正确认识与处理中国特色劳动关系问题，真正懂得劳动创造价值、劳动创造幸福的道理，逐渐成长为"爱劳动、懂劳动、会劳动"的时代新人。

高校要在思政课程和专业课程中融入劳动教育。劳动教育要融入思想政治教育。要特别强调用好思想政治理论课堂这个主渠道、主阵地，形成德育、劳育协同效应。比如，在"马克思主义基本原理概论"中强化劳动经典解读，深化马克思主义劳动价值观教育；在"毛泽东思想和中国特色社会主义理论体系概论"中加入习近平总书记关于劳动问题重要论述的阐释；在"形势与政策"中加入对当前劳动力市场的分析与展望。思想政治理论课是落实立德树人根本任务的关键课程。高校要抓好立德树人根本任务，不断增加思政课的思想性、理论性，提高课程的亲和力、针对性，培养学生的社会责任与使命担当。各类专业课程涵盖了具体、生动的劳动教育元素，需要充分挖掘专业课程资源，在专业课程中强化本专业劳动伦理和劳动发展趋势，实现专业知识与劳动教育相互融合、相互渗透，将劳动教育贯穿人才培养的全过程。要在课程建设上挖掘本专业大国工匠、劳动模范等特色资源，开展劳动教育特色专业课程。

高校要开好校园第二课堂。通过第二课堂校园文化活动的建设，在实践中转变学生对劳动的一些错误认知，加强学生思想政治教育，提升学生的综合素养，培养学生树立正确的人生观和价值观。劳动教育要融入广阔的第二课堂活动。全面推进劳动教育与大学生社会实践和志愿服务、创新创业教育、职业生涯教育、就业指导、产教融合及校园文化的结合，通过形式多样的劳动实践锻炼，在提高大学生综合素质的同时，引导他们懂得并由衷认同劳动最光荣、劳动最崇高、劳动最伟大、劳动最美丽。

高校要注重第三课堂的建设。积极鼓励学生参加校外社会实践活动、就业创业实践实训和校外志愿服务工作。第三课堂能够培养学生与人相处、与人合作的能力，提高学生的综合素质，引导学生适应社会，促进学生就业创业。高校学生要按照其职业发展规划，在校期间多参加社会实践调查活动，培养动手能力和实践能力，为毕业实习和就业打好基础。日常生活中，学校需要组织参观体验的活动，比如参观大国工匠展览厅、劳模工作室等，弘扬劳模精神，展现劳模风采，让学生有榜样、有动力去奋斗。

　　高校要在校园文化建设中强化劳动文化，将劳动习惯、劳动品质的养成教育融入校园文化建设之中。要通过制定劳动公约、每日劳动常规、学期劳动任务单，采取与劳动教育有关的兴趣小组、社团等组织形式，结合植树节、学雷锋纪念日、"五一"劳动节、农民丰收节、志愿者日等，开展丰富的劳动主题教育活动，营造劳动光荣、创造伟大的校园文化。学校可以举办"劳模大讲堂"、"大国工匠进校园"、优秀毕业生报告会等劳动榜样人物进校园活动，组织劳动技能和劳动成果展示，综合运用讲座、宣传栏、新媒体等，大力宣传劳动榜样人物的事迹，特别是身边的普通劳动者事迹，让师生在校园里近距离接触劳动模范，聆听劳模故事，观摩精湛技艺，感受并领悟勤勉敬业的劳动精神，争做新时代的奋斗者。

第六篇

家庭劳动教育

家庭在劳动教育中承担哪些角色？

家庭是一个人成长的重要场所。除去在学校的时间，孩子在家的时间最长。家庭作为孩子最早的"学校"，会潜移默化地影响孩子的思想和理念。家庭教育对人的个性塑造具有根本性的作用。如果把教育比作高楼大厦，那么家庭教育就是地基。而劳动教育是家庭教育的重要组成部分，家庭是劳动教育的起点，具有基础性作用。家庭是培养孩子劳动意识和劳动习惯的实践场所。家长应该通过日常生活中的言传身教，潜移默化地让孩子形成正确的劳动观念，培养良好的劳动习惯，提升劳动技能，养成爱劳动的意识。家庭劳动教育对孩子的成长有着至关重要的作用。

（1）家庭是孩子劳动观念形成的根基。

孩子对外界事物的感知主要来源于父母。父母对事物表现的好恶会直接影响孩子的判断。有的父母会有意无意将不好的劳动观传递给孩子。比如，有的父母会对孩子说，"如果你不好好学习，将来只能去捡垃圾"，"不好好学习，就回老家种田，面朝黄土背朝天"，等等。这会让孩子对一些体力劳动者产生偏见，从而形成错误的劳动价值观。父母应该教导孩子劳动是没有高低贵贱之分的，只要是通过劳动努力生活的人都值得尊重。父母应通过言传身教的方式，让孩子从小懂得劳动光荣，树立尊重劳动、崇尚劳动的劳动观。

（2）家庭是培养孩子劳动能力的学堂。

在现代家庭中，很多父母因为疼爱孩子或认为孩子的主业是学习，就不让孩子参与家务劳动，这使孩子养成"衣来伸手，饭来张口"的习惯，缺乏独立生活的能力。这种现象归根结底是因为父母没有让孩子从小养成良好的劳动习惯。很多家长没有意识到，培养孩子的劳动习惯和劳动能力是在为孩子未来的幸福生活奠定基础。让孩子从小参与家务劳动，可以提高孩子的动手能力、认知能力和自理能力。此外，在家务劳动中，孩子能够逐渐养成自己的事情自己做的好习惯，增加对家庭和社会的责任感，从而拥有健全的人格。

（3）家庭是培育孩子劳动情感的场所。

家庭劳动教育不仅要让孩子获得劳动技能，更要让孩子在劳动中收获快乐，培养孩子热爱劳动、尊重劳动的优秀品质。在培养孩子劳动情怀的过程中，父母需要对劳动保持积极的态度。如果父母对家务劳动表现出厌烦或抵触情绪，孩子会认为劳动是一件不愉快的事。如果父母热爱劳动，就能以身作则，潜移默化地影响孩子，调动其劳动的积极性。在日常家务劳动中，孩子能体会到通过劳动获得的成就感，体会到父母持家的艰辛，体会到劳动给他人带来的便利和快乐，从而自觉地参与劳动，形成热爱劳动、尊重劳动、珍惜劳动果实的优良品质。

只有每个家庭以身作则，树立正确的劳动观念，注重培养孩子的劳动习惯和劳动能力，才能使他们成为爱劳动、会劳动、懂劳动的人。只有将家庭的基础作用发挥出来，学校和社会才能协同，将劳动与教育有机结合起来，更好地培养未来的建设者和接班人。

父母如何引导孩子承担家务劳动？

家务即家庭日常生活事务，是每个家庭成员居家生活的事务集合。日常的家务劳动包括：扫地拖地、洗菜洗碗、洗衣做饭、日用品采购等。作为一个集体，家庭成员应该共同承担家务劳动。无论是父母还是孩子，都有责任、有义务参与日常家务劳动。

不同阶段的孩子可以承担不同类型的家务劳动。3～4岁是孩子劳动概念形成的最初时期，也是父母引入劳动意识和责任意识的好时机。父母以一

些游戏和奖励的方式引导孩子做一些简单的家务，比如收拾自己的玩具，自

己刷牙、叠衣服等。孩子完成后，要及时鼓励和赞美孩子，使他们感到自己在做一件好事。5～7岁的孩子可以在父母的帮助及引导下承担更多家务。应当培养他们的自主意识，比如，让他们选择第二天要穿的衣服，自己收拾书包等。当孩子8～10岁时，除了之前的家务外，父母可以教孩子一些基础家电的使用方法及与家电有关的安全知识。例如，教孩子使用电饭锅、微波炉，用吸尘器打扫房间等。在孩子11～13岁时，父母应当鼓励孩子提出自己的想法和意见，使其感到自己是家中的"小主人"，从而提高孩子参与家务劳动的主动性和积极性。父母可以让孩子罗列日用品采购清单并共同采买，或者邀请孩子一起制定家庭出游计划。此类家务能让孩子体验到"当家"的感觉，增强他们的责任心。通过前几个阶段父母不断的培养与引导，13岁以上的孩子一般会形成积极的劳动意识，能够承担各类家务。

　　父母在引导孩子做家务时应注意方式方法，不然会适得其反。第一，要让孩子有家庭责任感。父母要时刻给孩子传达一种思想，家务不只是父母的事。每个家庭成员都应为家庭出一份力。孩子有了家庭责任感，会更积极主动地分担家务。第二，真诚的赞美。孩子做家务时不要过分苛求完美，而应及时表扬，这可以提高孩子做家务的意愿和效率。第三，尊重孩子，给予孩子选择权。父母强硬命令孩子做某项家务，会引发孩子的抵触心理。父母列一份家务清单，让孩子从中选择自己想尝试并有能力完成的家务，让孩子感到自己是被尊重的、是有选择权的。第四，学会放手。很多父母都认为孩子还小，不适合做家务。但孩子的潜力是无限的，他们会在做中学、学中做，逐渐成长。因此，父母应当给予孩子成长和进步的空间，而不是一味地保护他们。家长退一步，孩子进一步，这就是成长。

　　看似简单的家务不仅能提升孩子的劳动技能，而且能使孩子独立、自主、

有责任心。为了让孩子拥有优秀的品质，父母要培养孩子热爱劳动的习惯，增强其对家庭的责任感。

爱孩子所以不让孩子参加家务劳动吗？

　　家务劳动是一个人在社会中生存的基本劳动，也是维持日常生活的必要事项。孩子的思维和能力是在做家务、培养生活自理能力中逐渐形成的。一份关于世界各国中小学生每日劳动时间的统计显示：美国孩子每天的家务劳动时间为 1.2 小时，韩国孩子每天为 0.7 小时，英国孩子每天为 0.5 小时，日本孩子为 0.4 小时，而中国孩子每天做家务的时间只有 12 分钟。[①] 另一份独生子女状况调查显示：我国 90% 的独生子女从未做过或很少做家务。[②] 中国孩子的劳动习惯不禁令人唏嘘。一段时间以来，很多家庭中都是独生子女，爷爷奶奶、爸爸妈妈对孩子宠爱有加，他们有一种固有思维，就是"再苦不能苦孩子"。长此以往，孩子便养成娇气、懒惰的坏习惯，生活自理能力差，经受不了生活中的挫折和磨难。

　　"爱孩子所以不让孩子做家务"是一些家长对家务劳动的误解，这些家长需要转变观念。父母及其他长辈爱孩子很正常，可以理解。爱孩子，则希望孩子健康成长，希望孩子长大后能立足于社会，成为一个对家庭、组织、社会有贡献的人。我们很难想象一个从小不会劳动、不想劳动、不懂得尊重劳动者的人如何立足于社会，过上幸福的生活。现在一些新生由父母大包小包送入大学校园。有的父母还会帮孩子打扫寝室卫生，整理床铺。上海某大学对近几年的新生做了调查，数据显示：60% 以上的学生不会自己挂蚊帐，很多学生甚至在入学前没有洗过一件衣服。[③] 但是，孩子步入社会后，不可能什么事情都靠父母去解决，父母也没有能力帮孩子解决所有的问题。因此，爱

---

　　① 各国小学生每日家务劳动时间：中国仅 12 分钟.（2014-12-09）[2021-06-02]. http://edu. sina.com.cn/zxx/2014-12-09/1105447334.shtml.

　　② 中国九成独生子女不做家务.（2007-07-26）[2021-06-20]. http://www.qingdaonews.com/content/ 2007-07/26/content_8223.htm.

　　③ 解慧明. 传承中华民族勤俭节约美德培养小学生良好习惯素养. 陕西教育（综合），2015（5）；55-56.

孩子，就应该让孩子从小养成做家务的习惯，学习基本的生活技能，体会劳动的艰辛与不易，孩子长大后才有独立生活的能力，能够独自面对生活的磨难，形成健全的人格。

让孩子从小参加家务劳动不仅不会成为孩子的负担，还能修炼孩子的品性。（1）做家务能够培养孩子的生活自理能力。家长给孩子包办一切并不是给孩子最好的爱。俗话说："授人以鱼不如授人以渔。"爱孩子最好的方法是教他掌握未来生活必备的技能，让孩子学会独立，让他拥有独自面对世界的能力和勇气。只有当孩子掌握了生活自理能力，可以独当一面时，他才能在未来的道路上走得更远、更好。（2）做家务能够磨炼孩子的意志。孩子在做家务时也许会遇到困难，但每一个困难都是对他意志和能力的磨炼。孩子在独立思考解决问题的同时，他的思考能力、解决问题的能力以及创新能力也会随之提高。此外，在做家务的过程中，他也能体验到劳动所带来的成就感，逐渐形成吃苦耐劳、坚毅自强的品质。（3）做家务能够增强孩子的责任感。有责任心是一个人立足于社会、取得成功的重要品质，从小培养孩子的责任意识尤为关键。家长要让孩子认识到他作为家庭的成员，有责任与父母共同承担家务劳动。只有让孩子明确他对家庭的责任和义务，才能使他产生责任感并养成关心他人、为他人服务的意识。

父母之爱子，则为之计深远。爱孩子不应该事事包办。参加家务劳动是让孩子拥有幸福生活能力的前提，父母越舍得用孩子，孩子长大后越有担当，越有能力去面对未来的生活。

家务劳动与个人成长和生活有何关系？

个人全面发展需要健全的人格、优秀的学习能力和良好的个人素养等。家务劳动能够帮助孩子形成良好的品德和素养。重视并参与家务劳动的人，通常具备较强的独立自主性、积极健康的心态和顽强的意志力。参加家务劳动，能够使孩子获得必备的生活技能，培养高尚的道德品质和生活意志，锻炼独立生活的能力，提升个人素养。因此，家务劳动对一个人的成长和生活有至关重要的意义。

（1）家务劳动有利于孩子形成健全的人格。

哈佛大学研究人员对 456 名青少年进行多年追踪调查，发现做家务和不做家务的孩子，成年后的就业率为 15∶1，犯罪率为 1∶10；爱做家务的孩子平均收入比不爱做家务的高出 20%；爱做家务的孩子，成年后的离婚率以及患心理疾病的概率更低。[①] 现在一些青少年存在自理能力差、怕苦怕累、贪图享受、心理素质低等问题。他们承受不了生活中的挫折，遇到挫折时消极逃避。这与他们从小被家长过分保护、过分溺爱，没有参与家务劳动有关。孩子在参与家务劳动时会遇到困难，但是在克服困难的过程中能够锻炼意志和勇气。家务劳动还可以磨炼孩子的耐力和毅力，使孩子逐渐形成坚毅勇敢、自立自强、积极面对生活的良好品格。

（2）家务劳动有利于培养孩子的社会责任感。

家长让孩子从小做家务，能够让孩子意识到作为家中的一员，有责任有义务与父母共同承担家务劳动，培养为他人付出、勇于承担的品德。孩子在劳动的过程中能体会到劳动的艰辛与不易，学会体谅他人。孩子形成责任感后，做事会更加认真负责。他们会以积极正确的心态面对人生，用负责任的态度去迎接每一次挑战。若没有责任感，遇到困难就会选择逃避，不为自己的行为负责，更有甚者还会做出违背道德底线的事。因此，让孩子从小做家务，培养他们的责任感，孩子长大后就会愿意承担生活的重担，对自己和家庭负责，做一个对社会有贡献的人。

（3）家务劳动有利于提高孩子的学习能力和个人素养。

在做家务中培养的劳动习惯、劳动方法和劳动品质也适用于学习、工作和生活。做家务能够培养孩子观察学习、模仿学习、自主学习的能力。当孩子接触某一项家务时，他会先观察父母是如何做的，然后模仿父母的做法，自己来完成。当孩子能熟练做这项家务时，便会思考改进、优化的方法。例如，孩子负责清理灶台时，一开始只是按照父母的方式，用抹布擦去油渍。但清理一段时间后，他会思考更好的清理油渍的方法，比如把保鲜膜贴在墙上，定期更换，既方便，又能提高做家务的效率。孩子在做家务的过程中，可以培养思考能力和创新能力。做家务也能锻炼孩子的专注力和自制力。把

---

① Vaillant, George E. Triumphs of Experience: The Men of the Harvard Grant Study. Cambridge, MA: Belknap Press of Harvard University Press, 2012.

这些能力应用到学习中，孩子的学习状态和学习能力自然也会提升。另外，家务劳动中养成的习惯对生活和工作有益。做家务让孩子学会分步骤做事，变得更有条理，精益求精。在未来的工作中，他会有条不紊、有计划地安排自己的工作；在生活中，他会注重生活品质，成为一个热爱生活的人。

家庭教育中如何培养孩子的劳动精神？

2020 年 11 月 24 日，习近平总书记在全国劳动模范和先进工作者表彰大会上提出了劳动精神的概念。他指出，"劳动是一切幸福的源泉……在长期实践中，我们培育形成了爱岗敬业、争创一流、艰苦奋斗、勇于创新、淡泊名利、甘于奉献的劳模精神，崇尚劳动、热爱劳动、辛勤劳动、诚实劳动的劳动精神"。弘扬劳动精神，需要将劳动精神教育融入家庭、学校、社会等各方面。家庭是孩子接受教育的第一个教室。家庭教育在一个人的成长中起到了根本性的作用。家庭教育以微妙的方式发挥指导作用，劳动教育是家庭教育的必要组成部分。因此，家庭教育对于培养劳动精神具有不可替代的作用。

快递小哥

（1）培养孩子崇尚劳动的精神。

父母应教导孩子懂得劳动之美，认同劳动者的价值。父母在孩子成长过程中传达给孩子什么样的观念，他们就会形成什么样的观念。因此，父母必须率先树立正确的劳动观念。如果父母把劳动分为三六九等，在孩子面前表露出对基层劳动群体，如环卫工人、外卖小哥、服务员等的轻视，孩子就会给劳动贴上有色标签。父母首先要端正自己的劳动态度，教导孩子劳动是人类生存和发展的基础，任何付出劳动的人都值得尊敬。父母应让孩子认识到，劳动是艰苦的，不劳而获是可耻的。劳动可以创造更好的生活，劳动收入是有价值的，劳动是光荣的。

（2）培养孩子热爱劳动的精神。

父母要引导孩子对劳动抱有积极的心态。在家务劳动中，父母与孩子应是平等合作的关系。如果父母以严厉的口吻命令孩子做家务，反而会令孩子对劳动产生抵触情绪。父母应以身作则，率先垂范，主动做各类家务，激发孩子劳动的热情。此外，父母在给孩子分配家务时应循序渐进，孩子必须有自主权和灵活性。父母应根据孩子的兴趣爱好来调整家务劳动的内容，使孩子愿意劳动、热爱劳动，形成良好的劳动习惯。

（3）培养孩子辛勤劳动的精神。

辛勤劳动强调的是吃苦耐劳、不畏困难的劳动态度。孩子在家务劳动过程中会遇到很多困难，这些困难都是对意志力的考验。父母要清楚，让孩子做家务是为了培养孩子吃苦耐劳的精神。父母不应心疼孩子就不让孩子做，而是应该耐心指导。如此，孩子才会在劳动中产生克服困难的勇气，提高解决问题的能力，体会到一分耕耘一分收获，尊重他人的劳动果实。

（4）培养孩子诚实劳动的精神。

诚实是中华民族的传统美德，只有诚实劳动才能坦然收获劳动果实。无论是学习还是家务劳动，都应该教育孩子保持诚实。如果孩子没有按时按量完成任务，要鼓励孩子说出困难，而不是撒谎或弄虚作假。唯有如此，当孩子步入社会，才能奉行诚实劳动的价值观，为行业发展和社会建设做出贡献。

66
人人都要学习劳模精神、工匠精神吗？

很多人认为劳模、工匠很遥远，普通大众很难成为劳模、工匠。其实，劳模、工匠都来自普通人。如果留意，你会发现很多地方都有劳模工作室、大国工匠工作室，每个人都可以去参观交流。普通人可能暂时无法成为劳模、大国工匠，但是可以践行劳模精神、工匠精神，争取成为工作单位的技能高手、名师，进而成为行业专家、劳模或工匠。

2020年11月24日，习近平总书记在全国劳动模范和先进工作者表彰大会上指出劳模精神、工匠精神的内涵，劳模精神是指"爱岗敬业、争创一流、艰苦奋斗、勇于创新、淡泊名利、甘于奉献"，工匠精神是指"执着专注、精益求精、一丝不苟、追求卓越"。

劳动模范是社会主义建设事业中成绩卓著的劳动者，在经济建设和社会团结中起着榜样的作用。劳动模范是经职工民主评选，有关部门审核和政府审批后授予的荣誉称号，目的是弘扬劳模精神，弘扬劳动精神，弘扬工人阶级和广大劳动群众的伟大品格，其中"全国劳动模范"是劳动模范的最高荣誉。随着时代的发展，劳动的内涵在更新，劳模的标准在进阶，一代代劳模，从时传祥、王进喜到李万君、王选，始终践行着24字劳模精神。劳动模范是人民的榜样、时代的楷模，他们所处时代不同、职业岗位各异，但用自己的劳动在共和国的历史上写下绚丽的篇章，为社会主义现代化建设作出巨大贡献。

在我国的历史上，既有鲁班、李春、李冰、沈括这样的工匠大师，还有遍及各种领域像庖丁那样手艺出神入化的普通工匠。现如今，在制造强国的征程上，我们有高凤林、胡双钱、顾秋亮等一批精益求精的大国工匠。工匠精神有丰富的外延，包括热爱劳动、专注劳动、以劳动为荣的精神，以及对职业劳动的奉献精神，创新突破的精神。这是职业道德、职业能力、职业品质的体现，是从业者的一种职业价值取向和行为表现。工匠精神作为一种优秀的职业道德文化，它的传承和发展契合了时代发展的需要，具有重要的时代价值与广泛的社会意义。

工匠精神源于制造行业、技能工种，但不仅限于此，每一位职场人都需要有敬业、精益、专注、创新的匠人精神，才能在岗位上完成业绩、创造价值、实现突破。只有让精益求精的工匠精神蔚然成风，整个社会才能形成强大的合力，创造更多的成绩，成就个人、企业与国家的品牌。工匠精神值得每一位劳动者学习与传承，因为这种精神跨越了时代，是中华民族伟大奋斗精神的集中体现，是新时代引领亿万劳动者投身国家建设、实现人生价值的精神动力。

人类是劳动创造的，社会是劳动创造的。劳动贯穿人的一生，学习并践行劳模精神、工匠精神是个人成长的必然过程，也是自我发展的必由之路。工匠精神、劳模精神离每个人貌似很远，其实很近。

每个人所在的行业不同、岗位有异，每位劳动者不一定能成为工匠或劳模，但工匠精神与劳模精神的内核可以引领我们踏实尽责地做好本职工作，走上成长、成才之路，实现个人梦想与社会价值的统一。以此精神为指引，成为优秀的劳动者、突出的工匠和光荣的劳模也许就在不远的某一天。

如何看待以体力劳动为主的从业者？

体力劳动是指以人体肌肉与骨骼的劳动为主，以大脑和其他生理系统的劳动为辅的人类劳动。体力劳动为主的职业是社会运转的必要组成部分，是不可缺少的。中华人民共和国《体力劳动强度分级（GB 3869-1997）》标准将体力劳动分为：轻劳动、中等劳动、重劳动、极重劳动。[①]

从人类劳动的演变史来看，不同社会形态的劳动有不同的重点和特征。农业社会的农业劳动主要是动手与动脑相统一的、以体力劳动为主的劳动。工业社会的劳动主要是制造业劳动，动手和动脑的社会分工日趋明显。信息社会的劳动是以服务性劳动为主的劳动，体力劳动不再处于中心地位，管理

---

① 体力劳动强度分级职业描述：轻劳动（坐姿：手工作业或腿的轻度活动，如打字、缝纫、脚踏开关等；立姿：操作仪器，控制、查看设备，上臂用力为主的装配工作）、中等劳动（手和臂持续动作，如锯木头等；臂和腿的工作，如卡车、拖拉机或建筑设备等运输操作；臂和躯干的工作，如锻造、风动工具操作、粉刷、间断搬运中等重物、除草、锄田、摘水果和蔬菜等）、重劳动（臂和躯干负荷工作，如搬重物、铲、锤锻、锯刨或凿硬木、割草、挖掘等）、极重劳动（大强度的挖掘、搬运，快到极限节律的极强活动）。

劳动、科技劳动、信息劳动和知识劳动占有越来越重要的地位。随着人工智能的发展，未来很多低技能、结构化、弱社交型的体力劳动将逐渐被取代，而高技能、非结构化、社交型的体力劳动仍会长期存在。

在农业社会，大部分人从事体力劳动，普通劳动者之间没有明显的高低贵贱之分。贵族阶层从事体力劳动相对较少，与普通劳动者之间存在明显的不同。《孟子·滕文公上》中有一句对后世影响深远的论断——"劳心者治人，劳力者治于人"。孟子讲的是如何区分社会工作的伦理问题，他把这作为中国东方封建政治的理想范式。在后来的工业社会、信息社会中，这种观点仍然影响着不少人的思想观念与选择，在一定程度上滋生了不尊重体力劳动和体力劳动者的现象。在传统观念里，体力劳动是脏、苦、累的代名词，一些体力劳动者收入偏低也是不争的事实。

在21世纪的今天，常见的以体力劳动为主的职业包括：农民、生产工人、建筑工人、保安、家政工人、快递员、厨师、司机、维修工……由于成长环境、家庭因素、教育背景、个人际遇等原因，从业者或主动或被动、或临时或长期，选择了以体力劳动为主的职业，这些工作也是他们努力生活、追求幸福人生的可靠路径。很多以体力劳动为主的工作是社会运转不可或缺的，无法取代的。在可预见的将来，人工智能技术的发展会对体力劳动提出更高的要求。随着进入老龄化社会，劳动力减少，人力资本成本增加，高素质的体力劳动者将愈加稀缺，体力劳动者的就业机会将大大增加，收入水平会提高。

随着时代的发展与社会的进步，体力劳动者一直努力创造价值，满足了社会需求，促进了社会运转，实现了个人价值。这些从业者需要得到尊重，他们的经济地位与社会地位将逐步得到提高。

68 如何看待"穷人孩子早当家"的现象？

"穷人孩子早当家"这句俗语讲的是一种社会现象。不少穷苦人家的孩子从小目睹父母的辛劳、体验生活的困苦，早早懂事，掌握生活技能、分担家务劳动、打工贴补家用，格外能体会劳动的意义。与这种现象相对应的是，一些富家子弟从小娇生惯养，脱离劳动、鄙视劳动，沾染了不良的生活习气与作风，价值观扭曲。勤劳质朴是中华民族的优良传统，人们普遍赞赏"穷人孩子早当家"，反感富家子弟的纨绔做派。

改革开放40多年来，人民的物质文化水平快速提高，很多00后、10后家境优渥，从小衣食无忧、生活安逸。父母家人对孩子呵护备至，不注重培养孩子的基本生活技能，只重视课业、才艺，认为学业优异就能前途光明，摆脱劳动之苦，尤其是体力劳动之苦。也有相当一部分普通家庭的父母以"不能亏待孩子"的心态养育，不让孩子吃苦受累，以"富养"方式造就了脱离现实的个人主义者。在如此"幸福"环境中长大的孩子其实是不幸的，这样的"幸福"可能会让孩子脱离实际，不知道家人的辛苦，不理解生活的不易。

当然，也有一部分条件好的家庭早就意识到劳动对孩子习惯、性格与品德的养成作用，让孩子在生活中劳动、在劳动中生活，在提升他们生活技能与劳动水平的同时，让他们体尝劳动的艰辛与美好，认识到劳动的创造性作用。被父母正确引导成长的孩子和"早当家"的穷人孩子一样，可以体会劳动的价值，全身心投入劳动，也能够发展兴趣，提高学业，成为真正"接地气"且"会创造"的未来劳动者。

穷则思变，早当家是穷人孩子求生存、求发展的本能。这种做法于孩子、于家庭都有利，可以促进孩子的发展与家庭条件的逐步改善，阻断贫困的代际传递。今天，人们的物质生活水平普遍提高，更加不能富而忘忧。智慧与富足不一定能让人过上幸福的生活。只有经历过劳动、能真正体会劳动价值、尊重劳动的人，才能自强自立。

家庭和社会都关心年轻一代，要让他们在劳动中学习、在劳动中成长，经历一定的困难、挫折和考验，成为德智体美劳全面发展的人。贫穷促进成长不是必然，穷人家和富人家的孩子通过劳动成长为家庭的顶梁柱和社会的栋梁，才是真正的成长。

如何看待雇佣家庭保姆的现象？

保姆即家政服务员，是指以家庭为服务对象，进入家庭成员住所或以固定场所集中为孕产妇、婴幼儿、老人、病人、残疾人等提供照护以及保洁、烹饪等有偿服务，满足家庭生活需求的服务员。

以前，有经济实力的人家才用得起保姆，现在保姆已经进入平常百姓的生活中。随着我国经济发展的加快、社会分工的发展、人口寿命的延长，很多家庭需要雇佣家政服务员，帮助料理家务、照护家庭成员、管理家庭事务，以满足"一老一小"的高质量生活。

当前，社会对家政服务员的需求旺盛，主要有两方面的原因：第一，社会物质财富大幅增加，人们对生活品质的要求也相应提高，很多家庭有条件雇佣家政服务人员，帮忙照顾小孩、老人，或负责全家人的一日三餐、洗衣做饭、打扫房间等。第二，相当一部分家庭是因为家庭成员需要工作，不得不出资雇佣家政人员照顾家庭。因为社会需求旺盛，家政服务人员的工资收入在持续增加，不少双职工家庭需要花一个人的工资来负担保姆的费用。当然，也不是每个家庭都有条件雇佣保姆，有相当一部分家庭靠家人照料。也有一些经济实力足够但凡事愿意亲力亲为的家庭，他们没有雇佣保姆，尽力营造忙碌紧张但乐在其中的家庭氛围。

做家政并不低人一等，这是赚取劳动收入、提高生活质量的正当职业。菲律宾女佣就以其专业度和文化水平蜚声国际，拥有"世界上最专业的保姆"

之美誉。目前国内也有一定数量的高素质、高学历人才从事高端家庭保姆职业。雇保姆的家庭并不意味着高人一等，家庭成员可以饭来张口、衣来伸手。家务事千头万绪，涉及很多方面，家政服务人员高质量完成也是劳动示范的过程，对引导小朋友学习劳动技能、分担家务劳动具有重要意义。

对于多数家庭而言，雇佣保姆只是起到辅助作用，家庭成员在工作之余适当分担家务劳动，既是生活所需，也是增进家庭和谐、给孩子树立榜样、维持生活良性发展的需要。

如何看待熬夜工作的过劳现象？

过劳，即过度疲劳，是指由于工作时间过长、劳动强度过大、心理压力过重导致精疲力竭的亚健康状态。《国际疾病分类》指出："过劳特指职业环境中的现象，不应被用来描述其他生活领域的经历。"过劳最大的隐患是，使身体潜藏的疾病急速恶化，由这种长期慢性疲劳诱发的猝死就是所谓的"过劳死"。随着生产力的高度发展，高度竞争是超越个体选择的时代大背景，加班常态化、工作压力大已经成为职场的普遍现象，也是导致职场年轻人过劳死的重要原因。

熬夜工作是一种过劳现象，在科研人员、互联网等行业中尤其普遍。熬夜工作的原因有很多，包括：工作事务多、时间紧，不得不加班熬夜；已经形成习惯，主动熬夜工作。喜欢在夜间工作，白天休息，把主要工作放在晚上做，这只是调换工作时间，而不是真正的熬夜工作。过劳现象不仅体现为熬夜工作，也体现为牺牲法定休息时间来工作。近年来被热议的"996工作制"就是加班的不合理现象[1]，反映了在中国互联网企业盛行的加班文化，是一种延长法定工作时间的工作制度，违反了《中华人民共和国劳动法》的精神。此外，通信技术的发展使即时通信联络无缝切入职场人的生活，在工作场所外影响了职场人的休息权，导致工作时间外的过劳。

---

[1]　"996工作制"，指的是早上9点上班、晚上9点下班，中午和傍晚休息1小时（或不到），总计工作10小时以上，并且一周工作6天的工作制度。

"不劳无获"受人诟病，但崇尚奋斗、崇尚劳动不等于强制加班，也不能以此为借口形成"过劳光荣"的职场文化，绑架与胁迫劳动者。苦干与巧干是奋斗，延长工时与提高效率也是奋斗，真正的工作成效不能靠长期加班熬夜来实现。熬夜伤身是常识，每个人需量力而行，保重身体，久久为功。

在我国，熬夜工作并不是普遍现象。过劳群体的年龄、职业、行业、地区都具有一定的典型性。一般来说，在发达城市，在急速扩张的行业，在中青年技术人员中，过劳的情况较多。

近年来，过劳不仅在我国被热议，也是世界范围内尤其是东亚其他地区人们热议的话题。法国的劳工法甚至制定了关于"离线权"的内容，以此来保障员工工作与生活的平衡。

通过熬夜方式实现企业与个人的发展并非长远之策，不能真正提高个人、企业、行业与国家的竞争力，无法实现长期健康发展。随着我国经济发展到一定程度，法规制度逐步完善，企业承担起更多社会责任，从业者自觉意识觉醒，熬夜工作等过劳现象将逐步减少，只是少数行业、少数岗位、少数人的短期工作状态。我们期待这一天早日到来。

"隔代亲"是否会影响劳动教育的效果？

随着中国经济和社会发展，城镇双职工家庭中的隔代教育是一个广受关注的话题。生活节奏快，工作压力大，竞争日趋激烈，一些年轻父母缺少时间和精力进行亲子教育；老人退休后有了时间和精力，承担起隔代教育的任务，既缓解了儿女的育儿压力，也丰富了自己的退休生活。调查显示，目前上海约六成的儿童由祖辈帮忙养育，北京、广州近一半，全国其他城市也大致如此。[①] 家里有孩子后，与孩子的爸爸妈妈相比，爷爷奶奶、外公外婆更加疼爱孩子，这就是所谓的"隔代亲"。隔代亲是一种普遍现象，也是一种正常的心理现象。

---

① 调查显示京沪粤近半幼儿由祖辈喂养. （2008-07-22）［2021-06-23］. http://news.cctv.com/china/20080722/100076.shtml.

　　有些老人年轻时为了赚钱养家，疲于工作，没精力和时间照顾孩子，对孩子有亏欠感。孩子成家立业后，老人身上的担子轻了，时间多了，他们会把亏欠孩子的补偿到孙辈身上，尽量满足孙子孙女的需求。

　　以前是一个人带几个孩子，现在是一个孩子几个人带，很多孩子生活在"4+2+1"的家庭中，爷爷奶奶、外公外婆以及父母都把爱放在孩子身上，出现溺爱孩子的现象，甚至老人帮忙完成一些本该由孩子自己完成的事情，比如整理文具、背书包、穿衣服、系鞋带等。这种"捧在手里怕摔着，含在嘴里怕化了"的养育态度，已经从"隔代亲"演变成了"隔代宠"。长此以往，容易造成老人包办代替，本该由孩子自己完成的事情，由长辈代劳，不利于孩子生活自理，不利于培养孩子的劳动习惯、劳动意识、劳动品质、劳动精神，不利于孩子成长。"隔代宠"也容易导致家庭矛盾的升级，影响孩子身心健康发展。

　　因此，在隔代教育中，家庭成员间的理解与沟通是绕不开的话题。年轻的父母要肯定孩子对老人的依恋，表达对老人的尊敬与感激，及时提醒老人爱必须有分寸、有边界、有原则，不能让孩子以自我为中心，更不能事事包办。父母也要在工作之外尽可能参与家庭事务，陪伴孩子，鼓励、支持孩子做力所能及的事，使孩子养成独立的人格，形成各有分担、其乐融融、互尊互敬的家庭氛围。

家务劳动与学习之间有哪些共同的地方？

　　学习，是指通过阅读、听讲、思考、研究、实践等途径获得知识和技能的过程。狭义的学习是指通过阅读、听讲、研究、观察、理解、探索、实验、实践等手段获得知识或技能的过程，广义的学习是指人在生活中，通过各种渠道、各种方式获得知识、技能和经验的行为。学习的目的是让人全面发展，成为优秀的人，因此学习的路径是多元的，不仅包括课堂，还有社会实践，也有家庭教育。

　　家务劳动是家庭成员在日常家庭生活中必须从事的一种无报酬劳动，包括洗衣做饭、打扫清洁、照看孩子、购买日用品、照顾老人或病人等。在不同文化和不同社会中，家务劳动的分工情况有所不同。家务劳动是观察学习、模仿学习、自主学习的重要途径。

2019 年，《半月谈》杂志的记者在部分省份采访了解到，我国中小学生自理能力缺失与劳动意识淡薄的现象普遍存在，劳动时间、劳动能力"双赤字"情况突出。①中国小学生平均每天的劳动时间只有 12 分钟。孩子不爱劳动，原因有很多方面：学习任务太重，没有闲暇干家务；家长望子成龙、望女成凤的心情急切，认为孩子搞好学业比什么都重要；尽管提倡培养德智体美劳全面发展的学生，但实际上学校抓的还是分数。

其实，家务劳动与知识学习之间有很多共同之处：（1）需要用心、用脑才能做好。完成任务容易，做好不容易。（2）家务劳动中需要分类，同样的生活用品应集中、有序摆放。学习中知识要归类，总结规律。（3）家务劳动中要建立关联，不同生活用品之间有一定的关联。学习中，不同课程、不同知识之间也有关联，需要思考、改进、举一反三、融会贯通。（4）家务劳动是艰苦的，劳动之后有喜悦。学习也是艰苦的，学有所获时亦喜悦。

心理学研究发现，人在进行体力劳动和体育锻炼时，脑子里的氧气最充足。孩子学习一段时间再劳动一段时间，对提高学习效率有一定的帮助。处理好做家务和学习的关系，不仅不会影响学习，反而会促进学习。家务劳动能锻炼动手能力，对孩子体育运动和写字有很大的帮助；能培养做事有条理的好习惯；可以训练注意力保持和分配的能力，培养专注认真做事的好习惯。

生活也是学习的一部分，认知与实践能力是相通的，培养孩子做家务有助于提高他们的学习能力。要合理安排孩子做家务，做力所能及的家务，或者在家长的辅助下完成特定的劳动，并且要充分肯定孩子做家务的成果。

让孩子做家务对其成长非常重要，不仅可以磨炼意志，也可以培养责任心——对自己、对家庭的责任心，以及对整个社会的责任心，与学业进步、人生发展形成良性循环。

---

①　劳动教育这门课切不可荒废.（2019-06-12）［2021-06-19］. http://education.news.cn/2019-06/12/c_1210156846.htm.

如何平衡课外兴趣班与家务劳动的关系？

中华民族一贯重视教育，普通家庭注重选一所好学校，富裕家庭会请家教对孩子进行一对一辅导。近年来，由于升学压力大，教育竞争不断加剧，家庭在孩子教育方面的投入越来越大。家庭投入不仅包括人力和精力层面，还包括物力和财力层面。为了不让孩子输在起跑线上，越来越多的家庭从孩子出生起便加入教育大军，一大批课外辅导班和兴趣班应运而生，辅导培训内容不断升级。父母把教育投资看作孩子获得成功的手段，让孩子从小就参加各种校外辅导班和兴趣班。2021年7月19日，中共中央办公厅、国务院办公厅印发《关于进一步减轻义务教育阶段学生作业负担和校外培训负担的意见》，之后，在各级教育部门的督导下，校外的文化课辅导班明显减少，艺术体育类兴趣班在满足条件下继续运营。可以预计，未来一段时间中小学学科类培训将大不如前，艺术、体育和素质拓展类兴趣班也将受到一定影响。不过，在高考制度的大背景下，文化课学习的重要性不会明显降低，家长们需要充分考虑孩子的发展方向，平衡时间、精力、物力和财力的投入。如果每个教育阶段均以考试升学为目标，教育的当下意义被严重忽略，家务劳动的教育作用也就无从谈起。

有的父母不让子女参与家务劳动，只要求孩子好好读书，造成孩子不会料理自己的生活，不会烧饭，不会钉纽扣。即使有家长偶尔抱怨孩子不会劳动，仍会让孩子学习文化课或上兴趣班。父母们应该看到，由于对孩子的宠爱与包办代替，不少孩子劳动观念薄弱，独立生活能力很差，不尊重别人的劳动，也不懂得劳动的价值。长此以往，即使学业有成，但因无法料理生活，没有良好的劳动习惯，将无法融入社会。

为了培养孩子的劳动习惯，逐步养成独立生活的能力，让孩子参加一些力所能及的家务劳动是一条重要的途径。家长们要秉持这些观念，调整孩子学业与生活的关系，平衡好参加兴趣班与家务劳动的关系。学习以脑力劳动为主，只学习，不从事体力劳动，孩子会疲劳，甚至产生厌学情绪。文体类兴趣班有利于孩子全面发展，不过成本高。家务劳动以体力劳动为主，与学习和兴趣班相比，创新性相对少，趣味性相对弱。在学习困顿之时，从事一定的家务劳动可以起到劳逸结合的作用。家务劳动也会带来不少乐趣，做完家务看到井然有序的居家环境，会让人产生一定的成就感。家务劳动中培养的坚持精神可以用于学习，发展专业特长。因此，参加课外兴趣班和做家务劳动应该有机结合、互为补充。

父母应怎样指导孩子参加家务劳动呢？一方面，孩子的事情让孩子自己做，父母应该督促孩子自己动手。父母要引导孩子及时整理自己的东西，通过这些简单的劳动养成爱整洁、生活有秩序的良好习惯。这些劳动既有利于培养孩子的劳动习惯和独立生活能力，也是对各类学习的一个调节，可以使孩子的大脑得到很好的休息。另一方面，让孩子参加一些力所能及的家务劳动，为家人出一点力。比如，洗碗、扫地、拖地，在洗衣机旁给家长帮忙，在父母下班较晚时淘米烧饭等，这种家务劳动有利于孩子理解劳动的不易，形成尊重劳动的观念、关心父母的意识。这些观念和意识是真正意义上的劳动精神培养，可以为孩子以后独立生活打下良好的基础，有利于孩子从容面对今后生活中的各种困难。

如何引导家长树立正确的劳动教育理念？

"幸福的生活哪里来，要靠劳动来创造……"这是孩子们传唱的歌谣，反映的是"劳动创造美，劳动创造幸福生活"的理念。在物质生活愈加丰富的今天，劳动教育容易被忽视，加强劳动教育尤为重要。

引导家长树立正确的劳动教育理念，就是要让家长理解并接受劳动教育的育人功能和价值。劳动教育的育人功能和价值包括以下四方面：

（1）劳动教育具有树德价值。

青少年阶段是人生的关键成长期，需要家长对孩子精心引导，以劳立德，帮孩子"扣好人生第一粒扣子"。劳动教育的核心是培养孩子的劳动价值观、劳动态度和品德。劳动是一种美德，能使孩子深刻理解"幸福是奋斗出来的"。

（2）劳动教育具有增智价值。

中华民族自古以来有"耕读传家久"的优良传统，在新时代，劳动教育的内容和形式发生了重大变化，不再局限于简单的体力劳动，人工智能、大数据、云计算、区块链等新兴科技为劳动教育注入新的智育内涵。实施劳动教育应与时代发展同向同行，注重培养孩子的创造性劳动能力，实现智慧劳动、创造性劳动。实施劳动教育，应引导孩子把"读万卷书"与"行万里路"有机结合起来，勤于劳动，善于劳动，懂得劳动。

（3）劳动教育具有强体价值。

劳动教育既是一种有效的教育手段，更是一种科学的健体方式，适当的体力劳动能够使人的肌体充满活力，磨炼意志和耐力。以符合青少年身心成长规律和教育规律的实践劳动为主来实施劳动教育，能为青少年全面、健康发展打下坚实的基础。

（4）劳动教育具有育美价值。

劳动既具有传授知识技能的教育功能，又具有创造美的价值功能，注重追求人的自我实现和全面发展。实施劳动教育，能够有效发挥青少年的主观能动性，深入挖掘孩子的创新创造潜能，使孩子在创造美好生活的过程中，体验劳动的乐趣，收获劳动成果，不断提高创造美和欣赏美的能力。

劳动教育理念的普及不是一时一日可以完成的。要让家长树立正确的劳动教育理念，需要从几方面多管齐下：

（1）政策引导。

新时代劳动教育的背景是劳动教育被学校弱化、被家庭虚化、被社会淡化，因此中共中央、国务院专门出台政策文件，引导学校家庭和社会重视劳动教育。之后，一些部委先后出台政策文件，逐级落实中央政策文件精神，将劳动教育推向深入。未来，劳动教育需要更加细化的政策，比如家庭劳动教育、社会劳动教育，引导全社会关注劳动教育，让千千万万的家长认识到国家的重视、社会的关注，从而主动思考劳动理念、劳动教育理念，正确地教导孩子。

（2）社会支持。

国家政策颁布施行后，更需要新闻媒体、教育机构、街道社区等进行政策解读，以生动活泼的形式普及、推广，引导劳动教育的知识、理念进入各家庭、深入家长心，真正推动劳动教育落地生根，使家长关注劳动教育，重新审视劳动教育，树立正确的劳动教育理念。

（3）家校协同。

家庭是实施劳动教育的重要场所，也是人生的第一所学校，而家长是孩子的第一任老师。家长要通过日常生活的言传身教，潜移默化地向孩子传递正确的劳动教育观，让孩子从小爱劳动，树立崇尚劳动的良好家风。

为使家长重视劳动教育，学校需要发挥引导作用，鼓励家长带领、指导孩子完成家务劳动，进行必要的社区志愿活动、外出调研活动、展馆参观活动等。

75 家庭、学校与社会的劳动教育如何衔接?

劳动教育是人生教育，是成长教育，是德智体美劳全面教育体系中的核心要素。人生活在家庭中、学校中、社会中，在形成劳动观、学习劳动知识、掌握劳动技能的过程中，需要家庭、学校和社会全面协同、互为补充。

每个家庭的教育目标和理念都不同，但有一点是共通的，都希望子女有所成。在物质生活条件大幅提高的当下，吃苦耐劳的形式发生了转变，家庭劳动教育在孩子的性格培养、能力提高方面起着愈发重要的作用。

适度的家庭劳动对孩子是一种锻炼，让孩子适当参与一些家务劳动，对其成长具有积极意义。家长应抓住日常生活中衣食住行等劳动实践机会，鼓励孩子自觉参与，掌握洗衣、做饭、打扫卫生等必要的劳动技能，每年有针对性地让孩子掌握 1～2 项生活技能，养成良好的劳动习惯。劳动教育在家庭中更多的是言传身教。家长是孩子的"引路人"。勤快的家长在日常生活或工作中，会潜移默化地影响孩子。

家庭劳动教育之外，学校劳动教育应该有系统化设计，开展生活教育、集体劳动教育、职业教育等。尽管很多学校开设了劳动教育课程，但有待优化。2020 年 4 月，成都市某区劳动教育现状调查结果显示，该区劳动教育课程的地位未得到充分保障，课时不稳定的情况比较普遍。[①] 此外，学校还需要定期对家长开展培训，建立三级家委会家校合作机制来帮助家长理解、认识

---

① 推进劳动教育，我们难在哪儿？.（2020-10-20）[2021-06-24]. https://sichuan.scol.com.cn/ggxw/202010/57929686.html.

劳动，促进劳动教育观念的真正转变。同时，为了更好地培养学生的劳动观，教师队伍也应该加强建设，将劳动教育纳入师资的日常考核中，提升专业教学水平。学校应该利用好现有的资源，做到因地制宜，如乡村学校可将田园、农林等作为实践基地，城镇学校将企事业单位、社会机构作为实践场所，让学生参与服务性的劳动。

开展劳动教育需要良好的社会氛围，需要全社会的参与和努力。妇联、团委、公益组织等机构可以通过设立专题劳动活动来开发更多公益劳动项目，普及公益劳动理念与相关劳动知识；街道、社区可以充分运用基层组织优势，对社区内相关劳动服务、志愿项目进行开发、组织、宣传，调动社区成员通过微项目来完成微劳动，以润物细无声的方式普及劳动意识与劳动精神；社会机构、民间资本可以通过产业化运营劳动实践基地等形式支持劳动教育，让孩子从小在劳动中树德、增智、强体、育美，发挥劳动的综合育人功能。

在家庭、学校和社会的衔接中，家庭是起点，也是落脚点，家庭要持开放态度，积极参与，主动参加学校和社会举办的活动。为了鼓励和吸引家庭参与劳动教育，学校需要加强家校联系，基于既有的方式和渠道，将学校劳动教育和家庭劳动教育联系起来，以亲子活动、成长教育等形式带动家庭劳动教育。各类社会组织一方面要发挥优势，跟学校建立联系；另一方面要跟家庭建立联系，比如共青团、妇联、工会与学校共建实习基地，街道、社区和展馆与家庭建立联系，开展亲子活动，打造亲子品牌。

只有在国家和地方的政策引导下，家庭、学校、社会组织与企业充分参与、协同努力，劳动教育才能得到深入、广泛的开展，实现有效衔接，真正达到全方位育人的目标。

第七篇

社会劳动教育

 76

各级党委和政府如何在劳动教育中发挥作用?

开展劳动教育是一项系统工程。2020 年 3 月,中共中央、国务院印发《关于全面加强新时代大中小学劳动教育的意见》(以下简称《意见》),对劳动教育做出顶层设计和制度性安排。各级党委和政府担负着落实好《意见》的重要职责,在推动劳动教育落地见效中发挥着重要的领导作用。

(1)统一思想,凝聚共识。

各级党委和政府要在教育会议、教育工作中强调劳动教育的重要性,在教育管理部门、各级各类学校中形成加强劳动教育的共识,深刻认识到劳动教育在育人体系、育人功能中的重要性,学习劳动教育的开展方式,为保障劳动教育的开展创造条件。

(2)统筹设计,协调推进。

明确党委统一领导,省、市、县三级一体统筹,分级负责、层层落实劳动教育组织实施工作机制。各级政府要把劳动教育摆上重要议事日程,出台相关政策措施,切实解决劳动教育实施过程中的重大问题,做好督促落实。省级政府要加强劳动教育工作的统筹协调,明确市地级、县级政府及有关部门加强劳动教育的职责,推动建立全面实施劳动教育的长效机制,搭建劳动教育的省、市级联盟。省、市、县可以成立劳动教育教学指导委员会,指导本级因地制宜设置劳动教育课程和教材建设、教学改革、教育质量监控等工作。各级各有关部门要各司其职、各负其责,全力保障劳动教育,帮助解决实际问题,抓好各项任务的贯彻落实。

（3）加大投入，强化保障。

各地区要统筹中央补助资金和自有财力，多种形式筹措资金，加快建设校内劳动教育场所和校外劳动教育实践基地，加强学校劳动教育设施标准化建设，建立学校劳动教育器材、耗材补充机制。可采取政府购买服务方式，吸引社会力量提供劳动教育服务。各级政府部门要积极协调和引导企业公司、工厂农场等组织履行社会责任，开放实践场所，支持学校组织学生参加力所能及的生产劳动、参与新型服务性劳动，使学生与普通劳动者一起体验劳动过程。

（4）督导检查，评估评优。

把劳动教育纳入教育督导体系，完善督导办法。对地方各级政府和有关部门保障劳动教育情况以及学校组织实施劳动教育情况进行督导，将各级政府和有关部门履行劳动教育职责、保障劳动教育情况，以及学校劳动教育开课率、劳动实践组织、教学指导等实施劳动教育情况纳入教育督导范围，督导结果向社会公开，同时作为衡量区域教育质量和水平的重要指标，作为对被督导部门和学校及其主要负责人考核奖惩的依据。开展劳动教育质量监测，强化反馈和指导。明确劳动教育课专任教师管理要求，保障劳动教育课专任教师在绩效考核、职称评聘、评先评优、专业发展等方面与其他专任教师享受同等待遇。建立劳动教育名师、学科带头人、骨干教师等遴选机制。开展劳动教育经验交流和成果展示活动，选树一批劳动教育示范区、示范学校和先进个人。

各级教育行政部门如何在劳动教育中发挥作用？

各级教育行政部门承担着推进劳动教育工作的直接领导职责，要从组织领导、条件保障、专业支持、督导评估等方面，采取切实有力的举措，不断提高大中小学劳动教育质量和水平。

（1）加强组织领导。

在党委统一领导下，各级教育行政部门要明确实施机构和人员职责，并积极争取财政、发改委、人力资源和社会保障、税务等部门以及工会、共青团、妇联等群团组织力量，推动落实好各项改革措施，把劳动教育的目标任务落到实处。

（2）加强劳动实践场所建设。

地方教育行政部门要统筹规划和配置劳动教育实践资源，推动党委政府统筹中央补助资金和自有财力，多种形式筹措资金，加快建设校内劳动教育场所和校外劳动教育实践基地，加强学校劳动教育设施建设，满足学校多样化劳动实践需求。充分利用现有综合实践基地、青少年校外活动场所、职业院校和普通高等学校劳动实践场所，建立健全开放共享机制，特别是充分利用职业院校实训实习场所、设施设备，为普通中小学和普通高等学校提供所需要的服务。可安排一批土地、山林、草场等作为学农实践基地，确认一批厂矿企业作为学工实践基地，认定一批城乡社区、福利院、医院、博物馆、科技馆、图书馆等事业单位、社会机构、公共场所作为服务性劳动基地。推动学校充分利用校内学习、生活有关场所，逐步建好配齐劳动技术实践教室、实训基地，丰富劳动教育资源。

（3）加强师资队伍建设。

要明确劳动课教师管理要求，保障劳动课教师在绩效考核、职称评聘、评先评优、专业发展等方面与其他专任教师享受同等待遇。推动中小学、职业院校与普通高等学校建立师资交流共享机制，发挥职业院校教师的专业优势，承担普通学校劳动教育教学任务。建立劳动课教师特聘制度，为学校聘请具有实践经验的社会专业技术人员、劳动模范等担任兼职教师创造条件。

（4）加强专业研究和指导。

一是加强劳动教育研究与指导，在全国教育科学规划、教育部人文社会科学研究项目中支持劳动教育研究。地方教育行政部门鼓励和支持相关机构设立劳动教育研究项目。设立一批试验区或试验学校，注重开展跟踪研究、行动研究。举办论坛讲座，营造良好学术氛围。二是组织开展劳动教育课程资源研发。基于劳动教育教学的实际需要，省级教育行政部门应明确中小学劳动实践指导手册的编写要求，体现"一纲多本"，满足不同地区学校的多样化需求，负责组织审查。职业院校可组织编写劳动精神、劳模精神、工匠精神专题读本，由编写院校或委托专业机构进行审查。鼓励学校、学术团体、专业机构等收集整理反映劳动先进人物事迹和精神的影视资料，组织研发展示劳动过程、劳动安全要求的数字资源，梳理遴选来自教学一线的典型案例和鲜活经验，形成分学段、分专题的劳动教育课程资源包，促进优质资源的共享与使用。

（5）加强督导评估与激励。

一是加强对学校劳动教育实施情况的督查。把劳动教育纳入教育督导体系，完善督导办法。对地方各级人民政府和有关部门保障劳动教育情况进行督导。对学校劳动教育开课率、学生劳动实践组织的有序性、教学指导的针对性、保障措施的有效性等进行督查和指导。督导结果要向社会公开，作为衡量区域教育质量和水平的重要指标，作为对被督导部门和学校及其主要负责人考核奖惩的依据。二是建立健全劳动教育激励机制。在国家级、省级教学成果奖励中，将劳动教育教学成果纳入评奖范围，对优秀成果予以奖励。依托有关专业组织、教学科研机构开展劳动教育经验交流和成果展示活动，激发广大教师实践创新的潜能和动力。积极协调新闻媒体传播劳动光荣、创造伟大思想，大力宣传劳动教育先进学校、先进个人。

78 工会在劳动教育中可以发挥哪些作用？

中国工会作为中国共产党领导的职工自愿结合的工人阶级群众组织，是劳动精神和劳动观念的积极倡导者，是加强劳动教育的重要推动力量，在加强新时代劳动教育中具有独特优势。各级工会要把全面加强新时代劳动教育作为一项重要任务，纳入工会整体工作安排，统筹谋划、一体部署，深入研究在全面加强新时代劳动教育中充分发挥工会组织作用的途径和方式，不断探索创新工作载体和手段，落实工作责任，加强与教育部门和大中小学等单位的沟通协调，形成工作合力，抓好组织实施。

首先，各级工会组织发挥宣传引导优势，推动形成重视和支持劳动教育的浓厚社会氛围。深化"中国梦·劳动美"主题宣传教育，组建全国工会劳模宣讲团，建设劳模宣讲人才库，组织劳模和劳动教育专家学者、教师先进典型等开展形式多样的宣讲活动。广泛开展演讲比赛、职工大讲堂、主题征文、经典诵读、主题阅读、知识竞赛等，积极营造劳动光荣的社会风尚和精益求精的敬业风气。充分发挥工人日报、中工网和各级工会报刊、网站等工会媒体的作用，创新运用"两微一端"等新媒体，加大劳模和工匠人才等先进群体的宣传力度，加强对劳动教育理念的宣传普及。注重引导广大职工在家庭教育中发挥言传身教的重要基础性作用，树立崇尚劳动的良好家风，支持配合学校开展劳动教育，教育引导孩子养成从小爱劳动的好习惯。加强劳动主题作品创作，推出更多以歌颂普通劳动者为主题的优秀文艺作品。

其次，各级工会组织发挥资源阵地优势，推动广泛开展劳动教育实践活动。深化劳模和大国工匠进校园活动，并作为大中小学生的劳动教育课程，推动大中小学选聘劳模、大国工匠担任兼职辅导员。强化劳模和工匠人才创新工作室示范引领、集智创新、协同攻关、传承技能、培育精神等功能，加大对社会各方面开放交流力度，支持示范性创新工作室为开展劳动教育提供平台场所，积极探索劳模和工匠人才创新工作室参与劳动教育实践的方式。推动劳动教育与志愿服务相结合。学校工会组织要积极配合学校开展教职工劳动教育培训特别是对承担劳动教育课程教师的专项培训，引导广大教职工积极探索开展劳动教育的方式方法，利用学校工会现有活动场所等资源为开展劳动教育创造条件。

再次，各级工会组织发挥理论研究优势，推动提升劳动教育基础理论研究水平。围绕习近平总书记关于崇尚劳动、弘扬劳动精神、加强劳动教育的重要论述，深化新时代劳动教育基础理论研究，推动构建中国特色社会主义劳动教育理论与实践体系。以劳动教育理论与实践问题为主要研究对象，加强工会劳动教育理论研究阵地和人才队伍建设，开发具有工会特色的劳动教育课程，加强理论研究成果转化运用，积极推动构建科学全面的中国特色社会主义劳动教育学科体系。

最后，各级工会组织发挥体系机构优势，将劳动教育融入工会院校教育培训全过程。工会系统纳入国民教育系列院校（比如中国劳动关系学院、山东管理学院）按照相关规定开设"劳动通论"通识必修课，探索将劳动教育与思想政治理论课深度融合。各级工会院校进一步加大工会干部劳动教育培训力度，在干部培训中增设工会参与劳动教育专题内容，编印工会系统院校劳动教育课程、工匠学院课程教材。推动有条件的地区、产业、企业布点建设工匠学院，不断丰富"技能强国"、全国产业工人学习社区等各类线上平台培训内容，打造线上线下融合的高技能人才培养平台。发挥职工学校的特色优势，开设和优化劳动教育课程，引导职工学校开放实训场所，作为劳动教育实践基地，承接大中小学集中开展劳动教育。通过多种方式加强工会组织劳动教育人才队伍建设。

共青团在劳动教育中可以发挥哪些作用？

各级共青团、少先队是面向学生团员、少先队员开展劳动教育的重要力量，要将劳动教育作为实践育人的重要领域，注重发挥团、队教育路径和优势，把劳动实践作为彰显队员、团员光荣感和团员先进性的重要载体，引领带动学生广泛参加劳动，不断提升劳动教育对青少年的吸引力和凝聚力。

（1）充实教育载体，引导树立正确的劳动观。

一是开展队内团内劳动宣传教育。用好队会、少先队活动课等教育载体，组织少先队辅导员用具体化、形象化、儿童化的方式，开展劳动宣传教育，激励队员从小立志成长为德智体美劳全面发展的社会主义建设者和接班人。丰富队前教育、团前教育中的劳动教育内容，用马克思主义劳动观和劳动精神培养教育人。结合中学团校建设、团干部上讲台制度等，实现劳动教育与团员教育相融合。激活团支部教育功能，依托"三会两制一课"团内组织生活、主题团日活动等开展劳动教育。

二是开展劳动主题教育。开展"五一"劳动节主题教育，使队员、团员充分了解节日的由来和含义，以亲身劳动度过有意义的劳动节，大中学校可结合"五四"活动统筹开展。在植树节、学雷锋纪念日、世界卫生日、世界环境日、农民丰收节、国际志愿者日等重点时间节点，开展符合青少年特点、丰富多彩的劳动主题教育活动。在大中小学校广泛组织开展以劳动教育为主题的专题报告、阅读活动、征文比赛等活动。

三是开展劳动榜样教育。邀请劳动模范、世界技能大赛和"振兴杯"大赛获奖选手、全国青年岗位能手等爱岗敬业典型、工匠精神代表等走进校园，分享成长经历、交流劳动感悟、展示技能技艺，以真实人物、鲜活事迹来启发、激励大家。邀请在抗疫救灾等重大事件中涌现出的先进典型，以及志愿服务先进典型等走进学校，激励教育队员、团员争做奉献者。通过举办宣讲会、报告会等形式，大力宣传辛勤劳动、诚实劳动、创造性劳动，以及不畏艰难、百折不挠、敢于担当的典型人物和事迹。

（2）丰富实践载体，广泛组织开展劳动实践。

坚持分层分类，遵循教育规律，适应队员、团员年龄特点，合理定位目标、设计内容，分阶段、接力式、持续性地开展好劳动教育。

一是针对小学阶段少先队员，突出劳动意识启蒙和劳动习惯养成。组织队员体验式参与校园种植或养殖，参与校内卫生保洁、垃圾分类、校园绿化美化，走进科研院所、创新园区、制造企业、乡村田野，近距离观摩、适当体验实践，组织队员参与校内校外公益劳动、家务劳动，依托基层社区组织开展队员生活技能展示活动。

二是针对初中少先队员和共青团员，注重增加劳动知识、提高劳动技能。组织开展家务整理、室内装饰等方面的实践活动，普遍推动成立校级志愿者组织，可结合实际情况在农忙时节组织参加适当的农业生产劳动，组织参与工业体验等活动。

三是针对高中共青团员，注重丰富职业体验。积极开展手工制作、电器维修等方面的实践活动，组织参与农业生产、工商业和服务业体验等劳动实践，支持动员志愿者有计划有组织地开展扶贫济困、生态环保、助老助残、社区服务等各类志愿服务活动。

四是针对中等职业学校共青团员，着力提高职业技能水平。组织动员大家参加"振兴杯"青年职业技能大赛等各类技术交流竞赛活动，支持帮助其对接适合岗位，开展实地实习见习。

五是针对高等学校共青团员，注重社会化能力提升和创新创造精神培养。组织大家在校期间至少参与一次"三下乡"社会实践活动，引导其结合学科和专业特点参加生产劳动、开展公益服务、参与社区治理，广泛组织大家参加"挑战杯""创青春"等各类创新创业赛事，以及"扬帆计划"等就业见习实习行动，鼓励应届毕业生参加"大学生志愿服务西部计划"、投身脱贫攻坚和乡村振兴事业，普遍推动成立校级青年志愿者协会和高校志愿服务社团，组织支持大家在重大疫情、灾害中组建青年志愿服务队、青年突击队，在抗疫救灾中主动作为。

（3）夯实组织载体，为劳动实践提供保障。

一是积极培养劳动教育人才队伍。推动聘任各行各业劳动模范、技能大师担任少先队校外辅导员，机制化、常态化参与少先队实践体验活动，开展学校劳动体验教育。吸纳劳动模范、技能大师参加"青年讲师团"，组建"青年就业导师团"。加强少先队辅导员、团学干部劳动教育培训。

二是建好用好劳动教育阵地场所。利用板报、橱窗、走廊、中学团校、校史陈列室等，将其建设成劳动教育的重要宣传阵地，鼓励有条件的学校开设红领巾小种植园、小养殖园、科学实验室等，推进团属青少年宫、青少年营地、"青年之家"等已有阵地设置劳动教育相关课程，推动建设青年就业见习实习基地。

三是建立健全团队劳动教育评价制度。在"红领巾奖章"、荣誉激励、推优入团等工作中，体现重视劳动教育的鲜明导向。积极吸纳符合条件的、在劳动实践中表现突出的先进青年成为团员。建立团员先进性发挥情况评估办法，将志愿服务等实践情况作为重要评价因子。在团员教育评议中，重视考察劳动实践情况。将劳动教育列为高校共青团第二课堂的重要内容。在"优秀少先队员""优秀共青团员""优秀共青团干部""中国青年志愿者优秀个人"等队内团内荣誉表彰项目中，评选一定数量在劳动实践方面表现突出的优秀队员、团员。

妇联在劳动教育中可以发挥哪些作用？

妇联是支持家庭开展劳动教育的重要力量，要将劳动教育作为推动建设良好家教家风的重要抓手，发挥好学校、家庭、社会三方面的作用，引导各界充分认识做好新时代家庭教育工作的重大意义，带动青少年广泛参加劳动，为孩子们扣好人生第一粒扣子，让更多的家庭和孩子受益。

（1）开展家庭教育主题宣传活动。

广泛开展家庭教育主题宣传活动，持续深入宣传在家庭教育中要以社会主义核心价值观为统领，突出立德树人的根本任务，深入宣传家庭教育的重要作用，进一步明确家庭教育是学校教育和社会教育的基础，家庭、学校、社会是促进儿童健康成长的共同体，充分认识家校社协同育人的重要意义。注重加强家庭教育新情况、新问题研究，大力提升家庭教育整体水平。积极整合社会资源，不断壮大家庭教育指导服务志愿讲师队伍和志愿者队伍。

（2）搭建多样化劳动实践平台。

以养成文明习惯、优化生活环境、提高生活质量、弘扬良好家风为重点，组织多样化的劳动实践活动，引导广大中小学生积极参与劳动实践，参加公益劳动、志愿服务，参与家庭居住环境、学校学习环境的美化净化绿化。组织开展学生生活技能展示活动，加强对家庭劳动教育的指导，引导青少年从自己做起，从小事做起，改善居住环境，倡导健康、文明、卫生的生活方式，从小养成热爱劳动、崇尚劳动、尊重劳动的习惯和理念，并通过个人带动家庭，通过家庭带动社会，形成人人热爱劳动、家家崇尚劳动的浓厚氛围。

（3）举办家庭教育进万家活动。

利用各级妇联微信公众号，建立家庭教育专栏，广泛宣传和传播家庭教育先进理念和科学方法，依托"妇女之家""家长学校""家庭教育示范基地"等阵地，广泛开展家庭教育公益流动讲堂活动和以劳动教育为主题的亲子云等线上线下亲子活动，构建家庭、学校、社会的交流平台，普及家庭教育知识，形成家校共育、互促共赢的模式，有针对性地引导家长发挥家庭教育主体作用，正确引导教育孩子。

（4）加强与共青团、工会和展馆等社会组织的合作。

共同举办区域性、全国性的劳动教育知识竞赛、技能竞赛、演说比赛、社会调研等活动，合力宣传，扩大参与范围和群体，提升劳动教育的影响力，促使劳动教育理念深入人心。

公益基金会和社会福利组织如何发挥作用？

公益基金会是运用自然人、法人或者其他组织捐赠的财产，以从事公益事业为目的的非营利法人。社会福利组织主要包括：托养福利事业单位，包括养老院、福利院、孤儿院等；康复事业单位，包括干休所、荣军院、疗养院、休养所、伤残军人医院、残疾人康复中心、残疾人用品供应站等。

公益基金会和社会福利组织在社会运转中发挥着重要的支撑作用，是对政府、企业、行业协会等组织的有益补充。已有不少公益组织参与到教育事业中，为学生成长、教师发展、学校建设等提供了强大支持；亦有不少社会福利组织与各级各类学校、一般社会人员密切联系，提供志愿服务岗位、参观交流和实训锻炼机会。

劳动教育是教育事业的一部分，从新时代开始将成为教育事业的重要组成部分，地位和比重均将高于以往。因此，各类公益基金会和社会福利组织可以发挥优势，从既有的教育业务延伸参与劳动教育的相关业务和活动，加入劳动教育的磅礴力量。

公益基金会和社会福利组织均可参与的领域包括：关注城乡教育机会平等，促进乡村基础教育发展，为乡村学校提供一定的劳动教育资金、器材、软件或实地参观交流的机会，等等。由于各地区劳动教育资源多少不同，在因地制宜开展劳动教育的同时，公益基金会和社会福利组织可以在一定程度上调剂资源余缺，实现资源的跨地区调配，扩充各地区学生参与劳动教育活动的种类和范围，促进教育公平的实现。

公益基金会直接参与劳动教育的方式还包括：提供资金支持、资助教研课题、援助建设场地、捐赠设施设备、举办劳动教育交流论坛等。目前社会上有各类公益基金会，有的有政府背景，有的有企业背景，有的是个人背景，无论哪一种，均可发挥自身优势，参与劳动教育的各个领域。比如，政府背景的公益基金会加强平台建设，搭建交流和合作的平台；企业背景的公益基金会加强对实践基地的支持，参与建设和运营劳动教育实践基金；个人背景的公益基金会加强对学生成长、劳动教育专任教师发展的支持。各类公益基金会亦可定期举办交流论坛，奖励先进学校和先进个人，使劳动教育事业得到更多大众的关注、理解和支持，激励更多的人投身劳动教育事业。

社会福利组织直接参与劳动教育的方式还包括：设立项目或开放日，组织活动，搭建多样化劳动实践平台等。比如，在每年的学雷锋日、端午节、中秋节、重阳节等节日，设立园区开放日，欢迎以学校或家庭名义，组织学生参观、交流、锻炼，参加力所能及的生产劳动和爱心公益活动，参与社会公益事业，在感受不同劳动者群体、奉献爱心、从事公益劳动的过程中培养劳动精神和奉献精神，培养尊重劳动者、尊重劳动成果的理念，加深对劳动教育的认识。

总体而言，公益基金会和社会福利组织是社会运转的必要保障，普遍拥有较高的大众认可度，在开展公益活动方面具有天然的优势。公益基金会和社会福利组织也有参与教育事业的现实基础和经验，可以延伸到劳动教育的事业中，为各地区、各级各类学校增加劳动教育资源，开展丰富多彩的劳动教育活动，实现学校、学生、家庭和社会等方面的共赢发展。

82 新闻媒体在劳动教育中可以发挥哪些作用？

全面推进劳动教育需要全社会达成共识，千千万万的家长、学生、教育管理部门工作人员、各级各类学校的负责人和劳育专任教师从内心深处认识到劳动教育的必要性和重要价值，因此需要舆论引导，形成良好的社会氛围。

《意见》指出，要"加强宣传引导。引导家长树立正确劳动观念，支持配合学校开展劳动教育。加强劳动教育科学研究，宣传推广劳动教育典型经验。积极宣传企事业单位和社会机构提供劳动教育服务的先进事迹。注重挖掘在抗疫救灾等重大事件中涌现出来的典型人物和事迹，大力宣传不畏艰难、百折不挠、敢于担当的高尚品格。鼓励和支持创作更多以歌颂普通劳动者为主题的优秀作品，大力宣传辛勤劳动、诚实劳动、创造性劳动的典型人物和事迹，弘扬劳动光荣、创造伟大的主旋律，旗帜鲜明地反对一切不劳而获、贪图享乐、崇尚暴富的错误观念，营造全社会关心和支持劳动教育的良好氛围"。

新闻媒体在劳动教育中担负着重要的宣传、普及和监督职责，要从发布信息、教育引导、引领舆论等方面积极发挥作用。

（1）加强对劳动教育理念的宣传普及。

充分发挥报刊、网站等媒体作用，创新运用"两微一端"等新媒体，开设专题专栏，深入宣传习近平总书记关于崇尚劳动、弘扬劳动精神、加强劳动教育的重要论述，大力宣传辛勤劳动、诚实劳动、创造性劳动的典型人物和事迹，弘扬劳动光荣、创造伟大的主旋律，旗帜鲜明地反对一切不劳而获、贪图享乐、崇尚暴富的错误观念，营造全社会关心和支持劳动教育的良好氛围。通过多种形式开展《意见》的解读阐释，使文件的精神实质深入人心，使文件的决策部署、工作措施家喻户晓。宣传、推广文件贯彻落实过程中的好经验、好做法，为各地各部门提供有益的借鉴和参考。参与各类劳动教育峰会，传播劳动教育的各类观点，以正确的舆论引导劳动教育实践。

（2）宣传推广劳动教育典型经验。

积极宣传各地区、各级各类学校实施劳动教育的典型做法和优良实践、先进学校和先进个人，报道企事业单位和社会机构提供劳动教育服务的先进事迹。充分运用"两微一端"等新媒体平台，制作发布各行各业劳动者的精彩瞬间、绝技绝活等短视频，注重挖掘在抗疫救灾等重大事件中涌现出来的典型人物和事迹，大力宣传不畏艰难、百折不挠、敢于担当的高尚品格。通过宣传这些典型人物和先进事迹，在全社会树立劳动榜样，树立劳动光荣的意识，展示劳动者的良好形象，吸引更多社会力量参与劳动教育。

（3）推出更多以歌颂普通劳动者为主题的优秀文艺作品。

通过诗歌、小说、戏剧等方式，大力宣传全国劳模、全国五一劳动奖章获得者、大国工匠、技术能手、职工职业道德标兵、最美职工等的先进事迹，促进形成"崇尚一技之长，不唯学历凭能力"的社会风尚和"三百六十行，行行出状元"的良好氛围。发挥文艺团体的作用，加强劳动主题作品创作，积极开展公益演出进校园活动。鼓励、引导和支持作家、艺术家创作出更多反映当代劳动者精神风貌的优秀作品，为大中小学劳动教育课程和教材提供丰富素材。

各类企业和展馆可以从哪些方面发挥作用？

在开展劳动教育的过程中，企业是学生体验劳动实践的重要场所，展馆是展示现代科技条件下劳动实践新形态、新方式的重要平台。各类农业、工业、服务业、高科技企业均可与各类学校建立联系。各类美术馆、博物馆、纪念馆均可发挥各自优势，成为各类学校的劳动教育基地。各类企业和展馆可与行政、家庭、社会等多方联动，发挥各自优势，共同推进劳动教育落地见效。

（1）发挥企业劳动教育基地作用。

企业要积极履行社会责任，主动与大中小学合作，为劳动教育提供人力、物力、财力支持。选派劳动模范、岗位能手、技能标兵等爱岗敬业典型、工匠精神代表等走进校园，分享成长经历、交流劳动感悟、展示技能技艺，以真实人物、鲜活事迹触动学生。支持企业技术人员和中高层管理人员作为学校劳动教育的兼职教师，由技术人员为学生和教师培训劳动技能，企业中高层管理人员为学生讲解劳动者从业经历。

（2）发挥企业劳动实训基地作用。

企业，特别是行业骨干企业、中小微企业要加强与学校的合作，不断深化产教融合，推动人才培养模式改革。要为学校师生劳动实践提供场地和设施，依托实习实训，引导学生参与真实的生产劳动和服务性劳动，增强其职业认同感和劳动自豪感，提升创意物化能力，培育不断探索、精益求精、追求卓越的工匠精神和爱岗敬业的劳动态度，坚信"三百六十行，行行出状元"，体认劳动不分贵贱，任何职业都很光荣，都能出彩。要在劳动实训中重视培养学生对新知识、新技术、新工艺、新方法的运用，提高在生产实践中发现问题和创造性解决问题的能力，在动手实践的过程中创造有价值的物化劳动成果。要为学校提供一定数量的顶岗实习岗位、教师挂职锻炼职位，为学生和教师提供一定的工资或补贴。

（3）发挥展馆劳动信息展示作用。

展馆要把劳动知识展示作为重要内容，配合学校学科教学，推出系列展览，比如结合耕读文化，展示有关植物特征、农业发展史、农业器具等方面的内容，以提高学生的阅读、表达、思考、观察等能力，从而拓宽视野、加强认知。再比如，结合现代科技条件，展示劳动实践新形态、新方式，重视传统劳动精神与新知识、新技术、新工艺、新方法的结合，更好地培养学生的创新精神和能力。

（4）发挥展馆的实践基地作用。

各类展馆是青少年了解某领域历史和现状的良好场所，目前已有不少学校与各类展馆建立了固定联系，定期组织学生参观各类展览，让学生做好前期准备工作，参观结束后撰写观后感。与此同时，一些展馆亦面向社会开放各类岗位，比如"小小志愿者""特约讲解员"等，一些家庭组织孩子前去应聘，既加深了孩子对相关领域的认识，也锻炼了他们的服务能力、演讲能力。未来，各类展馆可以互相借鉴，以更好发挥劳动教育实践基地的作用。

街道和社区可以从哪些方面发挥作用？

街道、社区与家庭和居民日常生活联系紧密，是推动劳动教育落实落地的重要前沿阵地，在开展劳动教育方面具有春风化雨、润物无声的独特优势。

（1）发挥宣传作用。

在街道和小区悬挂横幅，在橱窗张贴海报，在街道或社区的微信公众号推送文章，广泛宣传习近平总书记关于崇尚劳动、弘扬劳动精神和加强劳动教育的重要论述，广泛宣传劳动教育的理念政策，大力宣传企业支持劳动教育的优秀做法和家庭开展劳动教育的积极成效。充分运用"两微一端"等新媒体平台，制作发布辖区内劳动者的精彩瞬间、绝技绝活等短视频，引导大家关注劳动、热爱劳动。

（2）发挥组织作用。

面向辖区居民组织开展义务植树活动、义务劳动活动、劳动节庆祝活动、垃圾分类竞赛活动。积极开展手工制作、电器维修等方面的实践活动。按照学校统筹安排，组织参与农业生产、工商业和服务业体验等劳动实践，帮助其熟练掌握一定的劳动技能，充分理解劳动创造价值的真理。普遍推动成立校级志愿者组织，支持动员志愿者有计划有组织地开展扶贫济困、生态环保、助老助残、社区服务等各类志愿服务活动，践行奉献、友爱、互助、进步的志愿精神，增强其主动服务他人、服务社会的观念。

（3）发挥教育作用。

设立街道讲堂、社区讲堂，邀请劳动模范、企业技能人才和岗位能手等爱岗敬业典型、工匠精神代表等走进街道社区，分享成长经历、交流劳动感悟、展示技能技艺，以真实人物、鲜活事迹触动大家。邀请在抗疫救灾等重大事件中涌现出的先进典型，以及志愿服务先进典型等走进学校，激励大家争做奉献者。组织开展家庭教育活动，广泛宣传弘扬正确劳动观、就业观，帮助青少年增强劳动意识，提高劳动能力。

（4）发挥保障作用。

与学校合作，在街道和社区建立劳动教育实践基地，组织学生参与农业生产、工商业和服务业体验等劳动实践。支持帮助中等职业学校学生对接合适岗位，开展实地实习见习，在实践中提升专业素养。支持高等学校学生返回家乡参与社会实践、向城乡社区（村）报到，引导其结合学科和专业特点参加生产劳动、开展公益服务、参与社区治理，认识社区、了解社区，参与社区活动，使其在活动中接受国情教育，懂得实干创造美好生活的道理。支持学生志愿组织开展扶贫济困、生态环保、助老助残、社区服务等各类志愿服务活动，践行奉献、友爱、互助、进步的志愿精神，增强其主动服务他人、服务社会的情怀。

85 有哪些劳动教育的学会或专业委员会？

行业组织是行业发展的重要支撑力量。在教育行业，学会、专业委员会和协会等组织是同行间交流、学习和培训的重要平台。在劳动教育领域，相关的行业组织包括中国教育学会全国中小学劳动技术教育专业委员会、中国劳动学会劳动科学教育分会、中国劳动技能教育学会等成立较早，致力于将教育、职业、生产劳动相结合的组织，也包括中国老教授协会劳动教育与研学实践专业委员会、中国高等教育学会劳动教育专业委员会等2020年以来新成立的组织，顺应时代趋势，响应党中央国务院号召，凝聚行业资源与优势，推动新时代劳动教育不断发展。

（1）中国教育学会中小学劳动教育分会。

中国教育学会中小学劳动教育分会成立于1994年9月，是中国教育学会成立较早的分支机构之一。专委会坚持以马列主义、毛泽东思想和邓小平理论为指导，团结和组织全国从事中小学劳动技术教育、通用技术教育和综合实践活动的教师、科研人员以及关心、支持劳动技术教育的社会人士，积极贯彻国家教育方针，致力于推进全国中小学教育与生产劳动相结合、理论与实践相结合，为中小学全面实施素质教育做出了极大的贡献。[①]

（2）中国劳动学会劳动科学教育分会。

中国劳动学会劳动科学教育分会隶属于中国劳动协会，前身为成立于1987年的中国劳动学会劳动经济教学研究会，于1992年改名为中国劳动学会劳动科学教育分会。分会以科学发展观和马克思主义劳动理论为指导，由国内开设劳动科学领域专业的普通高等院校、职业技术学院和有关学校及热心支持劳动科学事业发展的企事业单位和政府部门人士组成，在遵守中国劳动学会章程的基础上，开展劳动科学领域的教学研究与学术理论研讨活动。多年来，中国劳动学会劳动科学教育分会坚持理论联系实际，积极开展学术活动，组织劳动教育领域内教学内容、教学方法创新，研究推动领域内专业教材建设，协调师资培训，推动专业教学工作水平的提高，为我国劳动科学的发展做出了应有贡献。[②]

（3）中国劳动技能教育学会。

中国劳动技能教育学会成立于1999年，是研究劳动科学的群众学术团体。其宗旨为在中国共产党领导下，以马列主义、毛泽东思想和邓小平理论为指导，结合我国的实际情况，组织、推动劳动理论、政策、法规、管理问题等方面的研究和教育，促进劳动技能改革不断深化，为建立具有中国特色、适应社会主义市场经济的劳动体制做出贡献。

（4）中国老教授协会劳动教育与研学实践专业委员会。

中国老教授协会劳动教育与研学实践专业委员会（简称劳研专委会）成立于2020年11月，为首批积极响应党中央国务院《关于全面加强新时代大中小学劳动教育的意见》和多部委联合印发的《关于推进中小学生劳动教育和研学实践教育的意见》等文件而建立的劳动教育相关协会、学会、专委会之一。劳研专委会依托北京师范大学发展心理研究院和《中国学生发展核心素养》课题组的科研教学师资力量以及自身老教授、老专家的专长与优势，致力于搭建劳动教育和研学实践学术交流与科研合作平台，以促进学校、社会

---

① 中国教育学会官网 - 分支机构 - 机构列表 - 中小学劳动技术教育专业委员会. http://www.cse.edu.cn/branch/index.html?category=41&id=1559.

② 中国劳动学会劳动科学教育分会. 劳动科学教育分会工作总结和体会，2008-12-09.

之间在劳动教育及研学实践领域内的沟通与交流。①

（5）中国高等教育学会劳动教育专业委员会。

中国高等教育学会2020年第34次会长办公会研究决定，同意筹备设立劳动教育专业委员会。2021年5月22日，中国高等教育学会劳动教育专业委员会筹备大会在中国劳动关系学院举行，7月23日，中国高等教育学会劳动教育专业委员会正式成立，秘书处设在中国劳动关系学院。这是中国高等院校群体成立的第一个全国性劳动教育交流和研究平台，将组织开展各类活动，包括设立劳动教育研究课题、发布劳动教育实践指南、举办劳动教育学术论坛和教研培训、规划劳动教育教材和大众读物等。

总体而言，以上学会和委员会是本领域的几个代表性组织，并非全部，未来还可能成立新的类似组织。各类劳动教育协会、学会和专业委员会是劳动教育研究者和实践者的交流平台，是促进劳动教育发展的重要力量，各类研究、交流和培训活动将促进劳动教育规范化、科学化和长期化，使劳动教育在五育育人体系中更加突出，在各方面达到与其他四育相近或相当的教研水平。

劳动教育的学会协会可以发挥哪些作用？

劳动教育的相关协会、学会、专业委员会、教育指导委员会等对于加强劳动教育工作的统筹协调，推动建立劳动教育的全面、长效发展机制具有重要意义。这类行业组织可以从以下几方面参与劳动教育，发挥建设性作用：

（1）开展劳动教育的理论研究、学术讨论和交流工作。

作为劳动教育领域内的专业组织，相关协会、专业委员会、教育指导委员会等可以依托自身拥有的专业背景和资源，定期举行研讨会，研究国家劳动教育发展战略，制定专业技术标准，引领、加强劳动教育专业研究。

（2）从事劳动教育学科的教学实践和科研工作。

组织、设立劳动教育相关研究项目，开展劳动教育专项研究和实践探索。组织开展课题、教研活动，开展劳动教育教学课程资源研发与创新，促进优

---

① 中国老教授协会. 中国老教授协会关于成立劳动教育与研学实践专业委员会的决定，2020-11-02.

质资源的共享与使用，不断提高劳动教育教学的质量和水平[1]，推动建立课程完善、资源丰富、模式多样、机制健全的劳动教育体系。

（3）加强国内劳动教育领域内的沟通与合作。

为劳动教育团体和劳动教育教学与科研机构及广大先进工作者搭建沟通平台，组织劳动教育学科专业及相关领域的专业人士按照各自领域或专业开展学术、技术交流，以开展高峰论坛等形式邀请全国知名专家、劳动模范、行业先进工作者等参与，使新时代劳动教育从业人员深入研讨、集思广益，推动劳动教育内容与时俱进，符合时代要求。

（4）定期编辑、出版劳动教育教学工作的资料、书刊、教材等。

收集、整理反映劳动先进人物事迹和精神的影视资料，组织研发展示劳动过程、劳动安全要求的数字资源，梳理遴选来自教学一线的典型案例和鲜活经验，结合先进理论研究、科研成果，形成分学段、分专题的劳动教育课程资源包，促进优质教育资源的共享与使用。

（5）组织开展调查研究、专业培训和咨询服务等工作。

组织开展劳动教育跟踪研究、行动研究，定期举办专题讲座、主题演讲，营造良好学术氛围。进行专业资格认证，举办专业课程培训等相关活动，搭建多样化劳动教育咨询、沟通平台，提高劳动教育科研、教学、应用水平，促进研究成果的应用和向产品的转化。

（6）有效统筹规划、配置资源。

受地域、资源、资金等的限制，部分学校，尤其是中小学无法提供专业的劳动教育实践场地，也缺少与政府机构、行业内先进企业、各类社会团体谈判的资本，而劳动教育相关协会、专业委员会、教育指导委员会等则可以依托自身在领域内的优势地位，有效沟通、开发、整合各类资源，拓展实践场所，建立健全劳动教育开放共享的机制。

（7）组织开展劳动教育学科的国际学术交流活动。

依托自身专业度与研究实力，积极开展与国外劳动教育相关领域内团体、个人的交流与合作，吸收、借鉴国外先进研究理论与成果，不断充实自身研究、提升研究能力。通过对国内劳动教育研究、实践成果的国际宣传，提升

---

[1] 教育部. 把新时代大中小学劳动教育落到实处——教育部教材局负责人就《大中小学劳动教育指导纲要（试行）》答记者问，2020-07-15.

我国劳动教育工作在国际上的声望与话语权。

（8）组织有关劳动教育教学与科研成果的评奖活动。

评优、激励是推进劳动教育工作良性、持续发展的有效动力，通过开展劳动技能竞赛，对优秀的劳动教育理论、实践模式、实践成果进行展示、推广和奖励，激发广大劳动教育工作者的创新潜能和动力，为劳动教育发展提供不竭动力。

目前，各学会、协会、委员会的关注重点不同、亮点不同，发挥的作用各异，在组织和推动劳动教育方面还有很大的提升空间。

各地区如何建立劳动教育的协同机制?

深入推进劳动教育需要家庭、学校和社会的协同，需要大中小学各学段相互衔接。

（1）劳动教育在学校、家庭、社会之间的协同。

要建立家庭为基础、学校为主导、社会为支撑的劳动教育协同共育实施机制，做到家庭、学校与社会互相呼应。

家庭是劳动教育的起点。家长作为子女教育的第一责任人，要树立正确的劳动观和人才观，主动督促、指导孩子完成家庭、社会劳动任务，引导教育孩子在日常生活中参加劳动，鼓励孩子分担家务，言传身教、潜移默化培养孩子从小养成爱生活、爱劳动、爱整洁的意识和习惯。[①] 家长要积极发挥自身社会优势，联系企业、社会组织等，为孩子开拓劳动教育实践场所；也可通过"家长上讲台""走进父母工作间"等形式，开设"劳动微课堂"，培养引导学生家长走上讲堂讲课、授课，传授劳动知识、劳动技能和劳动经验。

学校是劳动教育的主阵地。劳动教育是学生全面发展的必要途径，学校要将劳动教育融入育人的各个环节。一方面，学校要组建专业的教师团队，开齐开足劳动教育课程；另一方面，学校要重视劳动实践，建立健全劳动教育实践场所，不挤占挪用劳动实践时间。学校还需加强家校协同，适当开展家校合作的劳动教育活动，例如，中小学采用按照学生的成长规律布置整理、

---

① 党印，赵文晓. 构建有生命力的劳动教育体系. 中国教工，2020（1）：38.

清扫等力所能及的日常家务劳动，家长打卡反馈，分年级建立家庭劳动清单等模式，引导学生、家长从思想上重视劳动教育，充分发挥家庭在劳动教育中的基础作用。[1]

社会是劳动教育的大熔炉，需要大规模宣传劳动教育的重要性，让人们熟知并了解这一点。各类组织在各种场合投放爱劳动、尊重劳动者的公益广告，营造良好的社会氛围。有条件的社区可以组织劳模举行公益讲座，以点带面，惠及大众。[2]此外，社会为劳动教育提供了外部环境和空间。劳动教育不仅要在学校里开展，还必须走出校园，走向社会。要充分利用社会各方面资源，调动社会各界积极参与学生劳动教育。各级政府有关部门要积极发挥保障作用，协调引导域内企业公司、工厂农场等共同参与劳动教育资源的开发，开放经营场所，为学生提供劳动实践条件。鼓励高新企业为学生体验现代科技条件下劳动实践新形态、新方式提供支持。各级工会、共青团、妇联等群团组织以及各类公益基金会、社会福利组织要创造条件支持学生参加志愿服务、公益劳动和社区治理，比如，与工会合作，邀请劳动模范、大国工匠、行业领先者走进学校，担任学校劳动教育指导教师；与共青团合作，建立一系列社会服务基地，为学生提供志愿劳动场所，发挥社会在劳动教育中的支撑作用等。

（2）劳动教育在大中小学之间的衔接。

学校是劳动教育的实施主体，要以日常生活劳动、生产劳动和服务性劳动为主要内容，根据学生年龄阶段，区分不同学段学生特点，对劳动教育进行整体设计、系统规划，将社会劳动体验与家务劳动贯穿劳动教育全过程，使大中小学各学段相互衔接，帮助学生树立正确的劳动观念、掌握必备的劳动技能、培育积极的劳动精神、养成良好的劳动习惯和品质。

小学的最后一年在注重校园劳动，注重家庭劳动中动手能力的培养，提升家庭责任感，体会劳动最光荣，初步形成热爱劳动的态度的基础上，组织学生到街道和社区参加社区环保活动、公共卫生服务等，在劳动中锻炼吃苦耐劳的品质；或者接触服务性劳动，做小小志愿者，适当参加如走进敬老院

① 山东省教育厅发布全面加强新时代大中小学劳动教育若干措施. 山东教育新闻网，2020-09-10.

② 曲霞，党印. 2020年度中国劳动教育发展报告，2021：45.

和社会福利院等校内外公益活动，培养奉献精神；或者走进工厂企业，初步接触和职业有关的劳动知识。^①

初中最后一年，在具备劳动动手能力，掌握日常生活劳动，接触简单生产劳动和服务性劳动之后，增加无人机操作、3D打印等新兴科学技术内容，引导学生初步了解人工智能背景下新经济新业态的劳动内容；积极开展职业启蒙教育，进行简单职业技能培训，组织学生参加校内实训车间和校外工厂、企业实地体验等各种形式的职业体验活动，帮助学生形成初步的职业生涯规划意识。

在高中的最后一年，在持续开展日常生活劳动、固化良好的劳动习惯的基础上，向学生讲解各专业、职业的区别，丰富学生的职业体验，提高其职业规划能力，为日后选择专业和职业奠定基础；进一步统筹劳动教育与专业文化课教育，通过组织学生参加劳模讲座、观看大国工匠纪录片等活动，在学生心中树立劳模精神和工匠精神的标杆；引导学生参与社会公益活动、志愿服务等。

只有家庭、学校、社会各方面协力，统筹推进劳动教育的常态化、序列化、特色化发展，密切结合经济社会发展变化和学生生活实际，建立健全开放共享机制，形成全社会协同育人的一体化模式，才能满足新时代劳动教育的需求，使劳动教育得到全面实施。

各地区如何保障劳动教育师资队伍建设？

教师是实施学生劳动教育的指导者、引路人，是有效开展劳动教育课程的关键。只有不断壮大劳动教育师资队伍、提升劳动教育师资专业水平，才能为新时代劳动教育的长久发展提供智力支持。现如今综合实践活动等专职教师的缺乏制约着劳动教育课程和活动的开展，此外，劳动教育专职老师的成长、评价制度的欠缺，也影响着劳动教育课程的落地与实施。这就需要提高对劳动教育师资队伍建设的重视程度。

（1）建立专兼职相结合的劳动教育师资队伍。

配齐劳动教育必修课教师，保持教师队伍的相对稳定性。专职教师队伍

---

① 党印，赵文晓. 构建有生命力的劳动教育体系. 中国教工，2020（1）：38.

可通过从现有教师中抽调、面向高校毕业生招聘等途径充实。高等学校要加强劳动教育师资培养，师范院校可开设劳动教育相关专业。

建立劳动教育教师特聘制度，推进"劳动模范进校园""大国工匠进校园"等活动。聘请劳动模范、工匠大家、技能大师和非遗传承人等行业内先进、优秀人士担任劳动教育兼职教师，或通过统筹劳动教育预算、设立荣誉岗位等方式，吸引拥有实践经验的社会专业技术人员担任兼职教师，对学生进行专业劳动知识的传授和指导，凝聚一支社会型劳动教育师资队伍。

推动职业院校、中小学、普通高等学校间建立劳动教育教师交流共享机制，充分发挥职业院校教师专业优势，承担普通学校生产劳动教学任务。

（2）加强劳动教育师资队伍培训。

开展全员培训，把劳动教育相关内容纳入教育行政干部、校长、教师、辅导员培训内，强化每位教育工作者的劳动意识、劳动观念，提升实施劳动教育的自觉性。

开展全过程培训。将承担劳动教育课程的教师纳入现有教师培训计划进行专项培训，提高劳动教育专业化水平。进行岗前培训，在岗前明确教学目的、教学重点，从而有针对性地开展教学。同时，基于劳动教育不同学段、不同教育内容，定期、持续对教师进行专项培训，提升劳动教育的专业性、时代性及可实施性。

（3）完善劳动教育教师晋升考核体系。

要明确劳动教育教师管理要求，把开展和参与劳动教育情况纳入教师工作绩效考核的范围，把树立正确劳动观念情况作为教师考核评价的指标之一。此外，要保障劳动教育专职教师在编制待遇、绩效考核、职称评聘、评先评优、专业发展等方面与其他专业课教师享受同等待遇，调动劳动教育专职教师的工作积极性和创造性。

（4）促进劳动教育从业者之间的沟通交流。

各级政府、学校、劳动教育相关协会、专业委员会、教育指导委员会等专业机构团体要积极发挥其劳动教育统筹、主导与支持性作用，利用自身优势与平台，积极、主动搭建区域间、学校间的劳动教育交流平台，提供交流、学习机会。

推动构建劳动教育研究平台与体系，将劳动教育研究纳入科研立项项目，深入研究劳动教育专题及劳动教育与学科教学融合等内容,为劳动教育师资队伍提供教学学理支撑。

定期组织交流研讨会,帮助劳动教育师资队伍了解专业前沿信息,促进劳动教育新思想、新理念的传播。师资间的交流可以加速思想碰撞,激发灵感,缩短问题解决周期,启发教学科研新思路,优化学术体系。鼓励分享研究成果、先进经验,帮助师资队伍持续补短板、强弱项,推动队伍整体发展。

各地区如何保障劳动教育经费的持续投入?

新时代劳动教育具有综合性、实践性。劳动教育教学活动的顺利开展,不仅需要劳动教育师资力量的支持,也需要资金、场地、工具等的支撑。因此,要保障劳动教育教学工作正常、有序开展,就需要保障劳动教育经费投入充足、合理。

(1)要有稳定的经费来源。

各地区应统筹中央补助资金和自有财力,通过上级主管部门财政性教育经费拨款、地区财政收入、教育机构及学校事业收入、教育机构及民办学校举办者投入、社会捐赠[①]等多渠道筹措资金,为劳动教育提供可持续的经费保障。

(2)要有合理的经费分配机制。

各地区在筹措充足资金后,要明确资金的对接分配机制。按照辖区内各下级行政区域情况,学校、教育机构教师数量、教师薪酬水平、学生数量、劳动教育设施投入、劳动教育教学质量评估结果等因素,综合考量经费分配比例,合理、有序分配给下级管理机构、域内劳动教育学校、劳动教育机构及劳动教育实践基地等。

(3)要有明确的经费管理制度。

第一,监督建立专项经费制度。要将劳动教育经费纳入各级管理部门、学校、劳动教育机构、劳动教育实践基地年度经费计划,按规定统筹安排、使用劳动教育专项经费,不得挪作他用。

首先,资金使用有重点,关注普及性问题。劳动教育专项经费需用于建

---

① 余璇,蒋逸群.我国高等教育经费管理的问题及其对策研究.读书文摘,2016(18):294.

设劳动教育场所和劳动教育实践基地，补充劳动教育器材、耗材，加强劳动教育设施标准化建设，支付兼职实践、讲座教师劳务报酬，吸引社会力量提供劳动教育服务及劳动教育专题研究等。

其次，资金使用有原则，关注落地性问题。不得以任何理由和形式挤占、挪用、克扣劳动教育专项经费。确保经费真正落地，到达学校、到达劳动教育基地、到达劳动教育课题研究人员手中，真正做到劳动教育经费用于劳动教育事业。

最后，资金使用有计划，关注实用性原则。采取费用定项限额、包干使用、计划管理、指标控制等措施，量入为出、精打细算，厉行节约、反对浪费；严格执行规定的开支范围和标准，杜绝劳动教育过程中的不必要开支，充分发挥劳动教育经费的使用效益。

第二，监督实行预决算制度。各机构劳动教育主管部门每年应根据年度劳动教育目标和年度管理费用开支情况编制劳动教育专项经费预算方案，经费预算方案经上级管理部门批准后施行，预算一经批准，原则上不得调整；确需调整的，须提交书面申请，经上级管理部门审批后方可调整。各上级管理部门、财务处需对劳动教育经费使用、管理情况进行监督、检查，检查评估结果作为调整劳动教育经费预算以及核拨经费的重要依据。

各财年末，劳动教育经费主管部门需对自身经费使用、管理情况进行自查，对全年经费预算执行情况进行深入细致的检查和分析，真实、准确、完整、及时地编制决算报表，并对执行情况进行详细说明。对于过程中发现的经费使用问题进行反思，杜绝再次出现。

第三，监督执行经费审批制度。要建立严格的经费使用审批制度，劳动教育专项经费到达各级管理部门、学校、劳动教育机构、劳动教育实践基地后，应按照年初预算，依次进行计划内立项、预算内列支。各项费用的列支应严格按照财务管理制度内不同额度审批流程进行审批，各项费用经劳动教育主管部门或校领导审批后，方可列支。劳动教育主管部门、财务处要对本校劳动教育经费执行情况进行经常性监督、检查，发现问题，及时督促整改。对于违反立项及财务管理规定的费用，应坚决拒绝；对于违反经费使用制度的行为，应严肃整顿；对违反经费使用审批程序的规定造成的经济损失，要酌情追究责任人的经济责任。

劳动教育经费机制的建立与完善，是劳动教育全面落实的重要保障。各级教育督导部门要将学校劳动教育经费保障情况纳入学校责任督学挂牌督导内容，各劳动教育主管部门、财务处要对本校劳动教育经费执行情况进行监督，保障劳动教育经费落到实处，做到劳动教育经费真正为劳动教育所用，切实推动劳动教育工作有序开展。

各地区如何开展劳动教育督导评估和激励？

劳动教育的落地执行，不仅要有多渠道的实践场所、专兼职相结合的师资队伍、健全有序的经费投入机制、完善有效的安全保障等支撑，也要有强大的组织实施能力。各级政府、学校要切实加强劳动教育的组织实施，强化对劳动教育工作的督导检查，支持劳动教育工作的开展。

（1）强化督导评估检查。

《意见》中指出，要把劳动教育纳入教育督导体系，完善督导办法，对劳动教育组织实施情况进行严格的督导检查。

教育部、各级政府和主管部门作为督导评估的主体，需要对辖区内下级政府、大中小学以及各类劳动教育实施机构的劳动教育课程建设情况、开展情况、劳动教育活动筹备组织情况、师资队伍建设情况、劳动教育经费使用情况、劳动教育安全保障措施建设情况等劳动教育实施情况、效果进行督导评估。

劳动教育督导评估应采取定期、不定期相结合的方式进行。在以半年、年度为单位对劳动教育实施情况进行常规化督导评估的基础上，根据劳动教育整体阶段、劳动教育项目进度、设备设施交付情况等因素，进行不定期督导检查，及时开展劳动教育质量监测，强化反馈与指导。劳动教育督导结果需向社会公开，以达到震慑及鼓励作用。劳动教育督导评估结果可以作为衡量一个地区区域教育质量和水平的重要指标，作为被督导部门和学校及其主要负责人考核奖惩的依据。

（2）建立有效激励机制。

推进劳动教育课程长期、有效、良性开展，不仅需要督导检查的外驱力，也需要大中小学自身的内动力。针对新时代劳动教育初始阶段家庭、学校、社会各方面不够重视、积极性不高的问题，可从以下两个方面建立健全劳动教育激励机制。

①健全学生劳动素养评价制度。

受应试教育下分数决定升学的影响，一些家长、学校甚至地区政府过于关注文化课成绩，而忽略了其他教育的发展。将劳动教育实践过程和结果纳入学生综合素质评价体系，制定评价标准，将评价结果作为衡量学生全面发展情况的重要内容，作为学生参与班级、学校等评优、评先的重要参考和毕业依据，尤其是将学生劳动素养作为高一级学校招生录取的重要参考，会使劳动教育硬起来，得到学生本人、家长、学校更多的关注。

因此，需健全学生劳动素养评价制度，强化劳动素养评价考核。把劳动实践平时表现评价和学段综合评价结合起来，健全学生劳动素养评价标准、程序和激励机制。

第一，关注学生的平时表现。在平时各种类型的劳动教育实践活动中，要从学生自身、劳动教育老师、家长、同学、劳动服务对象、用人单位等多维度，及时对学生参与劳动实践的类型、次数、时间、表现及成果做出客观评价，以把握学生的劳动观念形成情况。

第二，关注学生的学段综合表现。在每一学段结束时，要从劳动精神面貌、劳动价值取向、劳动技能水平三个方面对本学段学生的劳动素养发展状况进行综合评定。

第三，监测学生的劳动素养水平。可委托专业机构定期对学生劳动素养状况进行调查，将学生劳动素养监测纳入学校、地区基础教育质量监测，职业院校教学质量评估和普通高等学校本科教学质量评估，充分发挥监测结果的示范引导、反馈改进等功能。

②加大优秀劳动教育成果激励力度。

积极鼓励新闻媒体传播劳动光荣、创造伟大思想，大力宣传劳动教育先进学校、先进个人，调动学校和学生的积极性。通过组织开展劳动技能和劳动成果展示、劳动竞赛、劳动教育评选等活动，将劳动教育教学成果纳入国家级、省级教学成果评奖范围，对优秀成果、个人、学校进行表彰、颁发证书。对于有建设性、意义重大的劳动教育成果，适当给予劳动教育经费奖励，以激发广大教师实践创新的潜能和动力。

第八篇

未来劳动与劳动教育

新时代有哪些新的职业类型？

随着时代发展，科学技术不断进步，人们的生产和生活发生了巨大变化，产生了许多新的业态和职业。与此同时，我国多次修订《中华人民共和国职业分类大典》，增补新兴职业，界定职业标准，从多方面保护劳动者权利。

据报道，人力资源和社会保障部办公厅、市场监督管理总局办公厅、统计局办公室自2019年以来先后4次联合发布有关通知，共确定56个新型职业信息（见表1）。

表1　2019年以来新增的新型职业信息

时间	数量	职业名称
2019年4月	13个	人工智能工程技术人员、物联网工程技术人员、大数据工程技术人员、云计算工程技术人员、数字化管理师、建筑信息模型技术员、电子竞技运营师、电子竞技员、无人机驾驶员、农业经理人、物联网安装调试员、工业机器人系统操作员、工业机器人系统运维员
2020年3月	16个	智能制造工程技术人员、工业互联网工程技术人员、虚拟现实工程技术人员、连锁经营管理师、供应链管理师、网约配送员、人工智能训练师、电气电子产品环保检测员、全媒体运营师、健康照护师、呼吸治疗师、出生缺陷防控咨询师、康复辅助技术咨询师、无人机装调检修工、铁路综合维修工、装配式建筑施工员

续表

时间	数量	职业名称
2020 年 7 月	9 个	区块链工程技术人员、城市管理网格员、互联网营销师、信息安全测试员、区块链应用操作员、在线学习服务师、社群健康助理员、老年人能力评估师、增材制造设备操作员
2021 年 3 月	18 个	集成电路工程技术人员、企业合规师、公司金融顾问、易货师、二手车经纪人、汽车救援员、调饮师、食品安全管理师、服务机器人应用技术员、电子数据取证分析师、职业培训师、密码技术应用员、建筑幕墙设计师、碳排放管理员、管廊运维员、酒体设计师、智能硬件装调员、工业视觉系统运维员

资料来源：人力资源和社会保障部网站．

相较传统职业，最近几次发布的新型职业具有明显的新特点：

第一，新业态中的工作类型被明确职业名称。随着经济发展，新的工作类型在这几次职业信息更新中被正式认可，网约配送员、健康照护师、呼吸治疗师、出生缺陷防控咨询师、康复辅助技术咨询师、在线学习服务师、社群健康助理员、公司金融顾问、二手车经纪人、汽车救援员、食品安全管理师等均属此类情况。

第二，科学技术带动传统职业进一步发展。随着人工智能技术的快速发展，工业机器人的使用比例大幅增加，与之相关的操作员和维护人员逐渐成为现代化工厂的必备人员。与之类似，随着无人机和 3D 打印技术的广泛应用，相应的驾驶员和操作员也在逐渐增加，未来这些职业的需求量还会继续增加。

第三，技术进步推动新型高技术职业产生。随着国家在大数据技术、人工智能技术等高科技领域加大投入，相关技术在商业化过程中被快速推广。在这样的环境下，企业对相应的专业高技术人才的需求量大幅增加，大数据、人工智能、云计算等方面的技术人员开始出现，对应的新型职业应运而生。与普通的技术操作员相比，这类人员对专业知识有非常深入的研究，在理论基础和实践操作方面都有深厚的专业技术能力。

当然，随着时代的发展和技术的进步，新型职业会不断涌现，不可忽视的是，未来各种职业势必会对从业者的知识水平和专业技能提出更高的要求。

因此，新型职业教育体系和劳动教育体系的建立必然会成为社会长远发展的重要保障。

92　有了机器人和人工智能，人类还要劳动吗？

机器出现后代替了一些体力劳动，比如，洗衣机替代人工洗衣，洗碗机替代人工洗碗，扫地机器人替代人工扫地，机器人替代人工送餐，自动化生产线替代流水线的人工劳动。未来，各种机器人将不断增多，自动化水平和人工智能程度将不断提升，人类还要劳动吗？

AI 主播

随着计算机和互联网的深入发展，人工智能技术得到广泛认可，形形色色的机器人进入人们的生产生活。在某种程度上，人工智能技术已经成为互联网时代的一个重要领域和发展方向。在这样的趋势下，我国政府也紧跟时代脚步，有针对性地出台了多个支持人工智能发展的创新平台，包括百度自动驾驶、阿里巴巴城市大脑、腾讯医疗影像、科大讯飞智能语音、商汤智能视觉等。

当前，人工智能技术的应用范围十分广泛，甚至不经意间已"占领"我们生活的方方面面。当前，相关技术应用主要集中在以下几个方面：

（1）自然语言处理。自然语言处理是人工智能发展的一个重要方向，主要是通过对自然语言进行记录、分析，寻找语言中的逻辑关系，进而达到人机语言交互的目标。尽管这一技术尚处于起步阶段，但已经应用在实际生活中，其中最直接的应用就是机器翻译。以网易有道词典为例，软件获取用户语音阅读内容，分析语音，给出符合人类正常语言习惯的翻译结果，还可以通过相机拍摄照片，直接抓取图片文字信息，而后利用互联网的海量信息进行翻译。

（2）虚拟个人助理。虚拟个人助理是指用户通过语音、文字甚至肢体动作等方式输入指令，之后智能设备将会根据指令完成特定的功能。目前，比较普遍的应用包括苹果公司开发的手机智能语音助理"Siri"，华为手机内置语音助理"小艺"等，用户只需说话就可以操作手机的部分功能。

（3）计算机视觉。计算机视觉就是给计算机安上一双"眼睛"，通过摄像头对目标进行识别、跟踪和检测，而后对获得的图像进行分析，进而获得一些"人眼"不易获取的信息。当前为人所熟知的手机人脸识别和智能视频监控都在这一技术支持下快速发展。较为新颖的应用有华为手机中的智能手势，用户通过特定动作可以远距离完成对手机的部分操作。

（4）无人驾驶技术。无人驾驶也称为智能驾驶技术，主要依靠嵌入式计算机系统对车辆本身和周围环境进行监测分析，进而对汽车下达操作指令。就目前发展状况而言，无人驾驶汽车是各个国家高技术公司的研究方向之一。同时，无人驾驶船舶也是无人驾驶技术的未来发展方向之一。

人工智能及机器人处理的问题更加复杂化、多元化，所涉及的不仅仅是一些简单的重复性工作。在这样的发展趋势下，人的劳动价值似乎在逐渐减少。然而事实上，看似复杂的工作都是众多程式化工作的集合体。人工智能依旧无法脱离"机器"这一最本质的特点，看似智能化的行为依旧是按照代码预先设定的，通过执行代码处理工作任务，科技发明、技术革新等极富创造性的劳动依旧无法依靠机器去完成。从根本上说，"劳动创造了人本身"，创造性恰恰是劳动最本质的特征之一。

从另一个角度来看，人工智能的工作方式以程序化为主，综合程度不高，程序本身依靠前期的人工植入代码，程序的多样性、灵活性和兼容性均有限，这也决定了人工智能从事的工作范围有限。例如，看似复杂的城市系统在处理堵车问题时，首先是对公路的车流量进行分析，然后调控信号灯。不同于机器，人类在处理问题时，往往更综合、更系统，像塞翁失马这样的思维方式可能是人工智能永远都无法理解的。很多劳动，比如创意设计、艺术创作是机器无法代替的，仍要靠人类完成，并且有重要意义。即使机器能替代一些人工劳动，人类也需要体验传统的劳动形式，作为一般生活的调剂。

人工智能的发展所依赖的是人类通过劳动创造出来的科学技术。科技创造来源于辛勤劳动、反复劳动、创造性劳动，来源于劳动知识和经验的积累。

否认人类劳动的意义，也就是从根本上否认技术的来源，那么人工智能技术从何而来又会往何处去呢？

　　面对当前的智能化机器，甚至未来更加人性化的机器，我们有充分的理由相信，劳动依旧是伴随人类历史发展的重要活动，是人类发展与进步的重要推动力量。

未来可能有哪些新的劳动形式和劳动关系？

　　随着互联网技术的发展和通信技术的跨越式升级，移动互联网逐步成为信息传递的最主要形式。近几年电信资费大幅下降，移动互联网在生活中广泛应用。在这种潮流下，人们的生活方式发生了变化，社会中的劳动形式也在悄然改变，过去一种职业或者一份工作终其一生的时代已经一去不复返，取而代之的是更加灵活的劳动关系和用工形式。因此，互联网的发展为社会就业问题提供了新的解决方案。

　　就我国发展现状而言，一方面，社会整体的物质生活水平有了极大提高；另一方面，越来越多的人希望在工作之余获得更多的自由时间，甚至由自己决定具体的工作时间。在这一背景下，新业态下的自由职业者应运而生。这类人群从事的工作与互联网密不可分，主要分为以下几类：

　　第一类是传统行业的灵活就业者。具体分为三种情况：第一种情况，这类人往往是某一领域的精英，他们在某个领域工作多年，具备较高的技能水平，积累了丰富的物质和人脉资源，相较于平台创业者，不需要寻找创业项目。在这样的"光环"加持下，只需要将本人情况发布到互联网上，就会有很多人慕名而来。较为常见的职业包括私人教练、自由音乐人、活动策划人等。第二种情况是依托本职业和互联网资源，多重就业。这些人已经实现就业，但在工作之余还会利用互联网兼职。第三种情况，在传统就业活动期间收入较低的人群，为维持日常生活不得不从事较为零散的兼职工作来贴补日常开支，如钟点工、传单派发员等。这类人群往往学历水平较低，年龄偏大，从事的是以简单体力劳动为主的服务行业。

　　第二类是众包模式下的平台就业。众包模式通常指的是一家公司或企业将原本需要由本公司员工完成的工作任务打包成一个或者多个部分，交由本公司以外的其他公司、团队或者个人完成，待任务完成后，双方根据先前的合约支付相关报酬，这一过程中，双方都是自愿完成。众包模式作为灵活就业的一种重要形式早已出现，但通常仅局限于个别服务行业，随着平台经济规模的扩大，平台就业成为众包模式下就业的主要组成部分。我们身边最常见的外卖小哥、滴滴司机等也属于这一范畴。

第三类是人力资源服务外包。这种形式更多侧重于降低人力资源成本，将公司或机构的非核心业务（特别是人力服务）外包出去，交由专业团队或个人进行管理。通过这样的方式，公司可以降低用工成本，将更多的资源投入核心项目。目前，较为普遍的人力资源服务外包模式是本公司提供生产所需的各项资料（场地、资金、设备等），服务外包公司提供专业团队或个人，提供专业化的服务，最终提供符合企业要求的项目产品。人力资源服务外包行业较为典型的公司包括 FESCO[①]、猎聘等。

随着我国步入老龄化社会，人口红利逐年减少，人力成本不断上升，加上越来越多的就业人员选择自由职业，进入工厂不再是务工人员的唯一出路。"用工难"成为企业经营的重大难题。因此，对于各个企业，特别是劳动力密集型企业，调整企业人力资源结构、创新用工新模式成为推动自身发展的重要议题。类似人力资源服务外包的新型劳动关系对未来企业和社会发展具有重要意义。

新型劳动关系有明显的优势和弊端。与传统劳动关系相比，新型劳动关系对企业来讲用工成本相对较低，对劳动者来说工作形式更加灵活，工作时间更有弹性，在很多年轻群体中广受欢迎。其弊端在于，当产生劳动纠纷时，劳动者的权利难以得到保护，劳动者的维权成本很高，这也是目前新型劳动关系广受诟病的原因之一。

劳动教育是一时之需，会很快淡化吗？

中华民族是一个勤劳、智慧、善于创造的民族，勤俭持家、精于劳作成

---

① 全称为 Foreign Enterprises Service Corporation。

为一种文化特质。中国古代从私塾蒙学起，就开始让孩子了解劳动的重要性，《千字文》中就有"治本于农，务兹稼穑。俶载南亩，我艺黍稷。税熟贡新，劝赏黜陟"，教导孩子明白有所劳才会有所得。"耕读传家远，诗书济世长"的劳动文化源远流长。勤于劳作既是立身、齐家的根本，也是整个民族能够历久弥新、源远流长的重要原因。

1949年新中国成立之后，面对满目疮痍的华夏大地，中华民族再一次展现出艰苦奋斗、辛勤劳作的精神，全国上下、各行各业掀起了建设新中国的浪潮。党中央明确提出"教育与生产劳动相结合"是我国的教育方针。在这一方针的推动下，我国迅速完成了社会主义改造，很快建立起完善的工业体系。

"三大改造"后，我国建立起社会主义制度体系。在这一阶段，劳动教育在一些地方成为一种工具，服务于特定的政治目的。党中央提出"教育为无产阶级政治服务，教育与生产劳动相结合"的教育方针。六七十年代，劳动教育更是带有浓重的政治色彩。由此可以看出，即使在这一特殊阶段，劳动教育依然具有其独特的实践意义。

改革开放后，随着中央工作重心的转移，教育工作也开始做出调整，脑力劳动在这一过程中得到正名。在此期间，中央对是否以及如何坚持教育与生产劳动相结合做了深入分析和探讨，之后将劳动教育表述为全面发展教育的重要组成部分，劳动技能素质作为素质教育的四大要素之一，得到空前的重视。

进入21世纪，随着社会物质生活水平不断提高，人们对精神文明的需求也逐步提高，劳动在新时代的内涵逐渐丰富扩大，劳动教育对当前乃至未来社会发展具有更加深远的意义。党的十八大之后，以习近平同志为核心的党中央立足我国社会发展的现实状况和未来趋势，在继承历史经验的同时，创造性地提出了符合中国国情的社会主义劳动观，并在党的十九大报告中明确提出要"建设知识型、技能型、创新型劳动者大军，弘扬劳模精神和工匠精神，营造劳动光荣的社会风尚和精益求精的敬业风气"。

2018年9月10日，习近平总书记在劳动教育大会上首次将劳动教育明确为全面发展教育的重要组成部分，提出了构建德智体美劳全面培养的教育体系的总要求。这一思想指引历史性地把劳动教育从传统意义上促进青少年全面发展的有效途径提升为重要教育内容，这也预示着新时代劳动教育需要有不同于以往的新体系，新设计。[①]2020 年，中共中央、国务院和教育部分别印发《意见》和《纲要》，自上而下的劳动教育体系逐步展开，各级政府和教育部门陆续制定指导意见和实施举措，将劳动教育层层推进、步步落实，促进劳动教育真正落到实处。

通过对我国各历史阶段的梳理与回顾，不难发现，无论在哪个历史时期，无论经济发展水平怎么样，劳动和劳动教育从来都是国家发展乃至民族赓续传承的重要基础。虽然在语言表述和组织形式上有所差别，但对劳动和劳动教育重要性的认识却是一以贯之的。正是在这样的精神认同下，中华民族才可以承前启后、继往开来，屹立于世界民族之林。因此，劳动教育绝非一时之需，而是历久弥新，劳动教育不会很快淡化，将会持续深入。

人工智能时代需要哪些劳动精神和品质？

自第一次工业革命至今，科技进步为人类社会的发展提供了无与伦比的强大动力。进入人工智能时代，生产力得到空前解放，越来越多的劳动岗位被计算机、机器人所取代。随着人工智能技术继续发展，传统领域的工作特别是劳动密集型工作受到很大冲击。一些人认为，人工智能时代人类不用再辛苦劳动，甚至不用劳动，所以不用学习劳动技能，无须培养劳动精神和品质。其实不然。在工业化和人工智能时代，虽然机器生产的标准化产品物美价廉，但很多带有"手工"字样的产品备受青睐，甚至拥有更高的价值。在机器故障、停水停电或断网期间，可能因为无法靠手机完成一些劳动造成难以估量的损失。因此，即便是在人工智能时代，劳动依旧具有不可替代的意义与价值，人类社会仍然需要传承基本的劳动精神。

（1）崇尚劳动。

崇尚劳动是呼吁全社会建立起劳动伟大、劳动者最光荣的社会认同感。劳动创造了人本身，因为有了劳动，人类逐步进化各项生理机能，和动物区

---

① 曲霞，刘向兵. 新时代高校劳动教育的内涵辨析与体系建构. 中国高教研究，2019（2）：73-77.

分开来。因此，劳动是人的本质特质之一。从人类社会发展的角度来看，劳动是推动整个社会向前发展的最根本动力。马克思主义理论认为，在社会生产过程中，社会财富的积累在于创造更多的剩余价值，而剩余价值的产生则完全依赖于劳动者所投入的劳动。人类社会无处不凝结着劳动者付出的辛勤劳动。人类在劳动中改造了自己，改造了自然，进而创造了不断繁荣的人类社会。因此，崇尚劳动实际上是对人类自身进化和社会发展的最根本的认可。

（2）热爱劳动。

苏联教育家马卡连柯曾说，"劳动永远是人类生活的基础，是创造人类文化幸福的基础"。从个人而言，热爱劳动就是热爱自己的生活，因为无论是工作、学习还是娱乐，生活的点滴几乎离不开人的体力或脑力劳动，所以只有热爱劳动才能创造属于自己的美好生活。从全人类出发，劳动是推动人类社会发展的根本动力，在劳动中，人类创造了属于自己的物质财富和精神文明，热爱劳动就是对人类社会历史发展的认同与尊重。在热爱劳动中，人的社会价值得以彰显，精神境界得以升华。

（3）尊重劳动。

在党的十六大报告中，尊重劳动被提及，"要尊重和保护一切有益于人民和社会的劳动。不论是体力劳动还是脑力劳动，不论是简单劳动还是复杂劳动，一切为我国社会主义现代化建设作出贡献的劳动，都是光荣的，都应该得到承认和尊重"。尊重劳动的内涵应当包含三个层次：尊重劳动本身，尊重劳动者，尊重劳动者的劳动成果。

第一，尊重劳动要求我们正视劳动本身所蕴含的价值，因为劳动，人类得以进化，人类社会得以发展，人有了改造自然的能力，有了探求更高层次价值的基础。

第二，尊重各行各业的劳动者。由于受到社会环境、文化认知等方面因素的影响，很多劳动者，尤其是体力劳动者无法获得与脑力劳动者同样的尊重。然而事实上，无论是体力劳动还是脑力劳动，皆属于劳动者付出的无差别的劳动。只是由于受到身体状况、知识水平、受教育程度等客观因素的限制，导致最后所从事的职业有所差异。如果社会中没有人从事环卫保洁、建筑施工等必不可少的体力劳动，整个社会将很难运转，因此这些环卫工人、建筑工人应得到足够的尊重。同理，其他职业比如厨师、服务员、教师、医生、保安等也应得到尊重，获得相应的社会待遇。

第三，尊重劳动者的劳动成果。不同劳动者的劳动成果应获得同等的尊重。因为这些劳动成果从本质上讲，都凝结了劳动者无差别的劳动，只是表现形式有所不同。这一方面取决于劳动者的社会分工，另一方面取决于劳动者的职业差异，但究其根本，不同的人所创造的劳动价值是没有差别的，应得到整个社会的认同和尊重。

（4）辛勤劳动。

辛勤劳动是劳动实践的良好状态，也是取得劳动成果的基础。人类社会发展数百万年，创造出璀璨的物质文明和精神文明。这一系列成就离不开千千万万劳动者的辛勤付出。"幸福的生活是奋斗出来的"，只有辛勤劳动才能获得丰厚的回报。

（5）诚实劳动。

辛勤劳动是劳动实践的行动基础，诚实劳动是劳动实践的思想准则。一方面，诚实劳动是辛勤劳动的思想指引。长存诚实劳动之心，才能时刻心怀敬畏，才能在劳动中杜绝敷衍了事、不劳而获的想法，真正做到辛勤付出。另一方面，诚实劳动是获得劳动成果的保障，人们在劳动实践中面对千难万阻，只有诚实劳动，才能做到脚踏实地，问心无愧，经得起考验。

（6）创造性劳动。

创造性劳动的内涵在于劳动实践过程中的探索和创新。古往今来，我们使用各式各样的工具，它们是前人在劳动实践中不断总结发展、演化创新而来的，凝结着先辈们的智慧结晶。创造性劳动是人类智慧的集中体现，人在不断的创造性劳动中得到全面自由的发展。与此同时，社会的发展也离不开创造性劳动。我们身边的新技术层出不穷，以后还会有更多的新技术，而新技术的发展离不开创造性劳动，因此创造性劳动是当今社会倡导的劳动精神之一。

基于人工智能开展劳动教育的意义何在？

从最初的原始社会、农业社会，到近代的工业化社会，再到现代的信息化社会，无论在哪个历史阶段，劳动都闪耀着时代的光辉。尽管历史不断演进，科学技术一次次更迭，但劳动从来都是历史发展的主题。没有劳动，人类社会的发展将失去前进的动力，人类社会的现有秩序会逐步瓦解，陷入混乱无序的状态。人工智能技术不断发展演化，人类社会必将发生翻天覆地的变化，即便如此，这些技术仅会对劳动的具体表现形式产生影响，劳动的实质内涵并不会发生改变。在历史潮流的激荡中，劳动教育具有新的价值和内涵。

（1）有利于促进学生个性化发展。

我国的传统劳动教育以集体劳动为主。在班级授课的形式下，学生的个性发展被集体发展遮蔽，教师很难做到因人、因材施教。然而，教育所追求的是每个人的个性都能得到彰显，进而实现全面发展。在人工智能时代，可以基于每个学生的性格特征、兴趣爱好，对学生的智力发展、认知水平、情感状况进行分析，最终形成每个学生的数据模型，从而向学生推送更加精准的劳动教育资源，使因材施教和学生全面发展不再只是口号。

（2）有利于促进教育公平的实现。

地区间经济发展的不平衡导致各地教育发展的不平衡，这样的不平衡尤其体现在教育资源的巨大差距上。在人工智能时代，虚拟课堂可以打破时间和空间的约束，通过网络技术整合不同的学习资源，缩短地域之间的距离，让更多的人受到名师的指点，让更多的学生享受到优质的教育资源。基于人工智能开展劳动教育，一方面营造开放的网络和虚拟环境，使师生在劳动教育过程中获得更多平等沟通、相互交流的机会；另一方面，个性化自适应学习系统为学生获取劳动教育相关资源提供便利，将促进学生和教师的个性化发展。

（3）有利于推动劳动教育走向开放与全民化。

人工智能时代，传统教育所受的时间和空间限制被打破，整个教育过程更加人性、开放、普及。具体到劳动教育上，一方面，基于人工智能开展劳动教育的时间与空间更加开放。传统教学以学校课堂为主，有教学进度和课程计划。在人工智能时代，学生可脱离现实课堂，利用移动终端随时随地学习和思考，劳动教育突破了时空限制，走向开放。另一方面，物联网与移动互联网技术不仅扩展了劳动教育的场域，还使得劳动教育的对象从学生扩大到社区成员乃至社会大众，他们既可作为劳动教育资源的享受者，也可作为劳动教育资源的提供者。例如，在社交平台上发布劳动楷模的先进事迹，引发公众讨论，其中彰显的工匠精神、劳动品质可以潜移默化地影响社会大众。

（4）有利于创造美好幸福生活。

劳动是一切幸福的源泉。人类社会的进化史就是人类的劳动史。在数百万年的进程中，人类靠自己勤劳的双手创造了无数的财富。为满足自身生存和发展的需要，人类通过劳动改造了环境，创造了社会。随着科技的发展，人工智能时代已初见端倪，教育领域需要运用人工智能技术。认识人工智能技术，运用人工智能技术，改进劳动教育的实施方法、评价方法，将使劳动教育从软性理念落实为可度量的指标，实现常态化发展并不断优化改进。

人工智能时代劳动教育会有哪些困境？

人工智能技术正在快速发展，这项里程碑式的技术革命势必会给人类社会带来前所未有的改变，这种改变不仅仅局限于技术引领下的生产劳动方式，可能还将打破传统业态发展模式，乃至人类对社会发展的传统认知。所以，人工智能时代的劳动教育体系对整个社会的长远发展具有重要的现实意义。然而人工智能时代劳动教育的价值提升面临一定的现实困境。

第一，人工智能技术对人类本身劳动价值的掩盖弱化了劳动教育的意义。工业革命之后，机器大生产进入人类社会，逐步成为主要的生产方式。机器的高效性和持久性将庞大的社会劳动力从机械重复的体力劳动中解放出来，工业化生产方式在养活大量人口的同时，让人类有更多的精力去探索更高水平的物质和精神文明。然而科学技术在解放人类的同时，也在某种程度上阻碍了人类对未知的探索，阻碍了人类认识自己和宇宙。科学技术解放了劳动力，但也使人类在处理问题时容易陷入程式化，认为所有的问题都可以通过某种程序进行研究，最后得出一个正确的结论，从某种意义上讲，这就是人类思维的异化。在这样的思维异化中，人类似乎只需要依赖人工智能等技术就可以创造并获得优越的生活条件，劳动的宝贵价值无法彰显，劳动教育的意义也黯然失色。显然，这与马克思"人类自由而全面发展"的远大目标背道而驰。

第二，多元化的理论内涵与残酷的生存现实弱化了劳动教育的价值。人工智能时代下，更加灵活多样的劳动形式逐渐产生，劳动教育的内涵和价值必然更加丰富和深刻。但在现实社会条件下，人的劳动更多只是一种劳动力的资本，人们通过出卖自身的劳动力来获取其他物质条件，满足精神需要，离实现个人自由全面发展目标还有很远的距离。在无法满足个人生存需要的基础上，大谈劳动和劳动教育对人的重要性势必无法让人信服。而以人工智能为代表的科学技术在社会生产中占据着主导地位，掌握了尖端科学技术就可以获得更多的社会资源和物质财富，也容易获得更多拥趸。所以，尽管劳动教育具有极为丰富的价值内涵，但其面临社会环境的冲击是最直接的现实困境。

第三，社会生产劳动对专业化技术的需求阻碍了劳动教育的开展。一方面，随着科学技术在工业劳动中的广泛应用，人们使用的工具从锤子锄头过渡到机床流水线，现如今有大量车间工厂开始使用智能机器人装配制造产品。劳动工具的更新换代使人类的社会生产力得到极大提高，但同时也对工具的使用者提出了更高的要求。过去完成一件商品可能并不需要太多专业技能，只需投入足够的时间就可以；现在一个非专业领域的劳动者面对一台生产设备时只能摇头叹息。另一方面，由于社会物质条件更加丰富，人们对劳动产品的要求更加苛刻。一件合格的劳动产品几乎很难单纯依靠个人就能完成，

而是需要一定的专业知识加上工作经验，所以，"既是木匠又是裁缝"的情况越来越少见。由于劳动的具体实践过程是劳动教育的最主要内容，因此在劳动教育实践过程中，无论是关于劳动工具的使用，还是关于具体生产过程，老师都会因为专业技术不足很难提供指导。最后的结果是回到照本宣科的课本教育模式。

因此，在未来劳动教育的建设和实践过程中，应当充分考虑理论目标和现实情

况的差距，在理论与实践中寻找一个平衡点，让劳动教育更加贴近现实、落地有声。

如何发挥互联网在劳动教育中的作用？

20 世纪 60 年代，计算机技术开始稳步发展。90 年代，互联网技术不断崛起。互联网自建立之初就以信息资源共享为核心，影响了整个社会的发展和变革。进入 21 世纪，互联网不仅改变了信息传递的方式，更是主导了整个社会生产、生活方式的巨大变革。互联网具有传递性、自由性、实时性、交换性、共享性、开放性等特点，这一系列特点与教育的需求不谋而合。

劳动教育作为教育的重要组成部分，需要与时俱进，与新式工具相结合。互联网的广泛应用将使劳动教育方式更加灵活多样、劳动教育的内容更加生动具体、受教育者的范围更加广泛。若要建立符合时代特点的劳动教育体系，必须充分利用互联网，创新线上劳动教育相关活动，运用"互联网＋"劳动教育模式，使受教育者接受优质教育资源，适应科学技术的发展，成为一名合格的社会主义事业建设者和接班人。

首先，互联网是重要的教育辅助工具，包括学校在内的教育单位应当具有"互联网＋"的教学视野，将互联网看作劳动教育过程中的辅助工具，鼓励广大一线教师打破传统教育的思维藩篱，敢于并积极运用互联网技术，改进传统教学手段，革新落后教学模式，创造性地进行教学；同时要把握时代脉搏，充分认识到当前社会的特点，培养正确的互联网思维，鼓励创新思维与发散思维，提高学生学习的动力和效率，利用"互联网＋"思维使劳动教育事业焕发更大活力。

其次，老师应当充分利用互联网的海量资源，在以教材为核心的基础上，汲取更多专业知识，提高自身教育水平，充实教学内容。例如，在教学过程中，努力打破照本宣科的传统模式，转而以教材为核心，利用互联网的优质资源，充实课程内容，拓展学生的视野，适当增加课程的深度与广度，使学生以更直观的方式获取知识。另外，要善于运用互联网与其他老师进行交流，互相学习，互相补充。任课教师还可以尝试与一线劳动者联系，通过视频互动等方式，将一线劳动者请到课堂上，用最直观具体的方式引导学生学习，使其对课堂内容有更加深刻的了解，为劳动精神的培养创造良好的条件。

再次，学生可以利用互联网的海量资源提升自己的劳动素质。学生在完成一项复杂的劳动时需要解决很多问题，这些问题因人而异。合理地利用互联网查找相关问题，借鉴他人的工作经验，能够有效克服面临的各种困难。利用互联网学习，一方面可以解决实际操作中遇到的问题，另一方面可以拓展思维，开阔眼界，丰富学识，在解决类似问题时举一反三，触类旁通。

最后，整个社会的舆论宣传应当注重对互联网的利用。劳动教育作为一门通识课，教育过程不应仅限于学校，应当努力在全社会营造尊重劳动、热爱劳动的良好风尚。作为信息传递的最重要阵地，互联网具有不可替代的巨大优势。因此，要利用互联网的强大功能，加强劳动科学和劳动精神的宣讲普及，强化劳动模范先进事迹的示范作用。

互联网技术具有广泛的应用范围，劳动教育在具体的实施过程中应当充分发挥互联网的巨大优势，不断寻找新的切入点。要利用先进技术给劳动教育事业注入强大的动力。

99 如何发挥人工智能在劳动教育中的作用？

人工智能（Artificial Intelligence，AI）是当前科技发展中最前沿的技术之一，它是在计算机科学、控制论、信息论、神经心理学、语言学等多种学科的基础上建立起来的一种新兴技术。2017年以来，人工智能发展进入快车道，其应用逐步渗透到医疗、交通、金融、教育、制造等各个生产和生活领域。同年，国务院印发了《新一代人工智能发展规划的通知》，对我国人工智能领域的发展做出了规划。良好的政策环境、巨大的教育市场需求和教育科技企业的深度参与，促使我国智能教育的产业化水平快速提升。

由于受到技术水平的限制，人工智能的发展与我们想象的还有很大的差距。目前人工智能在教育中的应用仅限于数据的检索和信息的传递等。在教学的考察与评价环节，人工智能技术还有很大的发展空间。随着智能技术的

进一步发展，其重要价值会更加凸显。^①

（1）利用 AI 提供针对性教学。

春秋时期，伟大的教育家孔子就提出"因材施教"的教育观，而在现实教育过程中，这一目标说易行难。在我国应试教育的大环境下，老师很难根据学生的认知水平、学习能力以及素质来制定个性化学习方案。随着 AI 技术被引入劳动教育过程中，这一愿景有望变成现实。一方面，利用人工智能对学习内容进行分析，建立完整的知识结构体系，针对不同的学生进行相应的课程安排和指导，并将课程内容和实践相联系，随后生成相关数据报告，使老师随时掌握学生情况。另一方面，可以通过搜集学生个人行为数据，预测未来学生的发展方向，以此为依据，老师给予个性化的指导和帮助，进而提高学生的学习效率。AI 技术不仅可以用于文化课的教学，也可以用于劳动教育的教学和实践活动。

（2）AI/AR 技术助力参观学习。

AR（Artificial Reality）技术即增强现实技术，是一种将虚拟信息与真实世界巧妙融合的技术，将计算机生成的文字、图像、三维模型、音乐、视频等虚拟信息模拟仿真后应用到真实世界中，两种信息互为补充，从而实现对真实世界的"增强"。^② 可以想象，通过 AI 对不同场所环境进行深度学习，然后利用 AR 技术，将现实工厂、制造车间、工作室等相关劳动工作场所"搬运"到学校，学生不仅可以充分了解实际生产劳动过程，达到参观学习的目的，也可以提升参观体验，同时避免离校进场过程中的安全隐患。

（3）AI 提供劳动技能教学专业指导。

相较于其他传统课程，劳动教育更加注重实践过程。劳动技能是劳动教育的主要内容之一，只有在劳动实践的过程中，才能真正了解和体会劳动对个人发展的重要作用，才能最大程度发挥劳动教育的作用。而实践的过程往往因人而异，每个人都具有独特性，如何对每个人的实践过程提供更有针对性的指导是教师的工作难点，智能化的教学模式为解决这一问题提供了可能。AI 技术可以对每个学生的实践过程进行记录和分析，而后提供个性化的改进意见，为老师提供精细化的教学辅助，帮助学生更好地掌握劳动技能。

---

① 张亚雄. 人工智能教育平台如何建设. 光明日报，2019-09-19.
② 熊启英. 增强现实教学软件的开发和应用. 西安：陕西师范大学，2019.

（4）AI直接参与劳动实践。

AI技术不仅可以支持教学，在某些特定条件下还能直接参与劳动实践，AI机器人就是最直接的体现。特别是在一些危险的工作环境下，利用AI机器人进行操作，可以让学生对工作过程形成直观的认识，同时消除安全隐患，为以后参与实际工作积累宝贵的经验。

如何发挥大数据在劳动教育中的作用？

随着科学技术的发展，各类新技术在教育领域的广泛应用引起我国政府的高度重视。《意见》中明确提出，要"体现时代特征……深化产教融合，改进劳动教育方式。强化诚实合法劳动意识，培养科学精神，提高创造性劳动能力"。《纲要》也明确指出，"在充分发挥传统劳动、传统工艺项目育人功能的同时，紧跟科技发展和产业变革，准确把握新时代劳动工具、劳动技术、劳动形态的新变化，创新劳动教育内容、途径、方式，增强劳动教育的时代性"。可见，国家十分重视和强调新技术在教育管理平台建设和学习空间应用方面的作用。大数据作为当前国家重点发展的新技术之一，未来在教育领域的应用值得期待。

大数据技术对教育发展产生了重大影响。基于大数据和人工智能技术的个性化分析指导、学习情况辅助分析、智能化建议等功能将在很大程度上提高教育水平，推动我国教育事业高质量发展，促进教育资源公平分配，实现全民教育、终身教育。未来，劳动教育课程和活动同样需要大数据技术发挥强大的作用。

（1）支持个性化教学。

个性化教学的本质是因材施教。要实现因材施教，需要老师根据每位学生自身特点和实际情况进行教学和指导。大数据技术可以基于一定的数据量表，对每个学生不同的性格特征和兴趣爱好进行分析，对学生在接受劳动教育时的表现进行分析，对每个人的劳动理论知识、技能掌握程度、技能熟练度，甚至劳动过程中的情绪进行数据采集和分析，形成每个学生的数据模型，而后老师可以以此为依据进行有针对性的指导和培养，帮助学生实现全面发展，使因材施教真正落到实处。

（2）发现教学规律。

利用大数据技术可以对教学内容进行分析，从不同角度挖掘教学数据，分析教学内容中存在的不足和漏洞，例如，劳动技能的运用是否合理，技能讲授是否符合实际劳动需要等，使老师了解课程设计的不足，并能有针对性地修改。同时，可以从更深层次了解教育规律，通过技术手段寻找更多值得探究的教学内容，使教学内容更加标准化，特别是在劳动技能方面，能够依据是否符合生产劳动的实际状况对教学内容进行规范，这在某种程度上维护了教育的公平性，也为劳动教育课程的评价体系建立了参考标准。若能利用大数据对劳动教育教学全过程进行量化分析，那么劳动教育所面临的教学目的不明确、教学内容不一致、教学成果难衡量等问题都将迎刃而解。

（3）确定职业方向。

作为劳动教育的一项重要内容，劳动就业指导同样需要大数据技术的支持。通常来说，学生在择业期间可能难以掌握跟自身相关的信息，或者无法在短时间内找出信息中有价值的内容。学生可以借助大数据技术实现自身特点的量化，了解自己在劳动实践中具备的优势。同时大数据技术可以利用庞大的互联网资源，提供更加符合学生特点的岗位，为大学生的择业提供更加清晰的建议。

通过以上三个方面可以发现，大数据在教育领域中的应用主要集中于行为分析、行为预测、个性化指导等方面。通过对学生在教学、生活等活动中产生的大量数据进行分析，对学生的学习进行指导，对学生的未来行为加以预测，为老师的教学工作提供有针对性的意见和建议。

目前，大数据在教育领域还处于起步阶段，特别是在劳动教育这一特殊领域，既有很大的发展潜力，又面临着诸多挑战。劳动教育的发展需要符合新时代的要求，因此大数据与劳动教育可以深入融合。在大数据时代，社会各界需要一起努力，推动劳动教育迈入新的发展阶段。

参考文献

1.成尚荣．构建中国特色、中国风格、中国气派的高质量劳动教育体系．劳动教育评论，2021（1）：4-10.

2.党印．人类社会进步视角下的劳动教育．教育家茶座，2021（1）：85-91.

3.党印，赵文晓．构建有生命力的劳动教育体系．中国教工，2020（1）：38-39.

4.党印．职业与劳动：大学生劳动教育十讲．北京：人民交通出版社，2021.

5.付舒，范艺玮．人工智能时代大学生劳动教育创新路径探析．现代交际，2021（1）：195-197.

6.黄国萍，柳友荣，沈丽丽．池州学院大学生劳动素养教育的设计与实践．劳动教育评论，2020（4）：122-135.

7.蒋洪池，熊英．日本小学劳动教育：形式、特点及启示．外国教育研究，2020，47（12）：71-81.

8.李珂，曲霞．1949年以来劳动教育在党的教育方针中的历史演变与省思．教育学报，2018，14（5）：63-72.

9.李珂．初次就业不迷"盲"：和谐劳动关系导读．北京：机械工业出版社，2021.

10.李珂．劳模精神．北京：中共党史出版社，2020.

11.李珂．新时代劳模精神的崭新意蕴与当代价值．红旗文稿，2020，（8）：33-35.

12.刘向兵．劳动通论：2版．北京：高等教育出版社，2021.

13.刘云华．课程内容广、时间长、方式多的德国劳动教育．上海教育，

2020（8）：8-12.

14．柳夕浪．推动建立劳动教育的长效机制．劳动教育评论，2021（1）：22-29.

15．柳友荣．美丽劳动：理论逻辑、本质属性与教育进路．劳动教育评论，2020（3）：45-57.

16．米娜．日本小学生的劳动教育．中华家教，2020（9）：36-37.

17．曲霞．新时代劳动教育的三重内涵．人民教育，2020（7）：1.

18．曲霞，刘向兵．新时代高校劳动教育的内涵辨析与体系建构．中国高教研究，2019（2）：73-77.

19．任平．德国中小学如何实施劳动教育．人民教育，2020（11）：71-74.

20．汝骅．俄罗斯中小学的劳动教育与综合技术教育．苏州教育学院学报，2002（1）：96-99.

21．埃尔德．中国劳动世界的未来议题三：非标准（非正规）就业形式．中国劳动，2018（12）：4-13.

22．桑廷洲，倪维素．日本的劳动教育．外国中小学教育，1987（5）：47-48.

23．宋丽荣，姜君．以劳动教育传承民族文化．中国教育报，2020-03-27.

24．宋丽荣，姜君．俄罗斯劳动教育课程改革——《工艺学》的改革举措及特点．基础教育课程，2020（5）：74-80.

25．孙洪涛，郑勤华．教育大数据的核心技术、应用现状与发展趋势．远程教育杂志，2016，34（5）：41-49.

26．孙进，陈因．德国中小学的劳动教育课程：目标·内容·考评．比较教育研究，2020，42（7）：73-81.

27．王文静．"三驾马车"拉动日本劳动教育．上海教育，2020（8）：17-20.

28．王岩．构建面向核心素养"五育融合"的劳动课程——以当代芬兰中小学劳技课为例．劳动教育评论，2020（2）：69-82.

29．魏冰娥，何云峰．论崇尚劳动、尊重劳动的内涵实质与风尚营造．思想理论教育，2019（6）：25-30.

30．肖睿，肖海明，尚俊杰．人工智能与教育变革：前景、困难和策略．

中国电化教育，2020（4）：75-86.

31. 徐海娇. 意义生活的完整性：人工智能时代劳动教育何以必要与何以可为. 国家教育行政学院学报，2019（11）：88-95.

32. 杨铭. 日本中学的劳动教育. 外国教育动态，1983（1）：24-27.

33. 杨颖秀. 人工智能时代劳动教育的价值省思与超越. 中小学管理，2019（5）：23-25.

34. 袁利平，张薇. 基于虚拟现实技术的教育扶贫及其实现. 内蒙古社会科学，2020，41（2）：189-196.

35. 杨红军. 日本中小学家庭课的特点及启示. 劳动教育评论，2020（3）：117-129.

36. 张家军，吕寒雪. 人工智能时代劳动教育的价值意蕴、可能困境与突破路径. 广西师范大学学报（哲学社会科学版），2021，57（2）：61-71.

37. 张剑辉. 德国中小学一贯制劳动教育的观察与启示. 福建教育，2015（17）：18-20.

38. 赵维贤. 目前俄罗斯中小学生的劳动教育状况. 教育科学研究，1996（5）：47-49.

39. 郑建萍. 德国中学如何开展劳动教育. 福建教育，2020（10）：21-23.

40. 张大良. 新时代劳动教育的新立场、新要求、新内容、新标准. 劳动教育评论，2021（1）：1-3.

图书在版编目（CIP）数据

新时代劳动教育 100 问 / 党印主编. -- 北京：中国
人民大学出版社，2021.10
ISBN 978-7-300-29769-9

Ⅰ. ①新… Ⅱ. ①党… Ⅲ. ①劳动教育－中国－问题
解答 Ⅳ. ① G40-015

中国版本图书馆 CIP 数据核字（2021）第 165162 号

新时代劳动教育 100 问

主　编　党　印
副主编　李素卿
主　审　李　珂　曲　霞
Xinshidai Laodong Jiaoyu 100 Wen

出版发行　中国人民大学出版社
社　　址　北京中关村大街 31 号　　　　　　邮政编码　100080
电　　话　010 - 62511242（总编室）　　　　010 - 62511770（质管部）
　　　　　010 - 82501766（邮购部）　　　　010 - 62514148（门市部）
　　　　　010 - 62515195（发行公司）　　　010 - 62515275（盗版举报）
网　　址　http://www.crup.com.cn
经　　销　新华书店
印　　刷　北京七色印务有限公司
规　　格　170 mm × 230 mm　16 开本　　　版　　次　2021 年 10 月第 1 版
印　　张　12.25 插页 1　　　　　　　　　　印　　次　2021 年 10 月第 1 次印刷
字　　数　188 000　　　　　　　　　　　　定　　价　39.00 元

教师教学服务说明

中国人民大学出版社财会出版分社以出版经典、高品质的会计、财务管理、审计等领域各层次教材为宗旨。

为了更好地为一线教师服务，近年来财会出版分社着力建设了一批数字化、立体化的网络教学资源。教师可以通过以下方式获得免费下载教学资源的权限：

在中国人民大学出版社网站 www.crup.com.cn 进行注册，注册后进入"会员中心"，在左侧点击"我的教师认证"，填写相关信息，提交后等待审核。我们将在一个工作日内为您开通相关资源的下载权限。

如您急需教学资源或需要其他帮助，请在工作时间与我们联络：

中国人民大学出版社　财会出版分社

联系电话：010-62515987，62511076

电子邮箱：ckcbfs@crup.com.cn

通讯地址：北京市海淀区中关村大街甲 59 号文化大厦 1501 室（100872）